Ernst von Weber

Die Erweiterung des deutschen Wirthschaftsgebiets und die Grundlegung zu überseeischen deutschen Staaten; ein dringendes Gebot unserer wirthschaftlichen Nothlage

Ernst von Weber

Die Erweiterung des deutschen Wirthschaftsgebiets und die Grundlegung zu überseeischen deutschen Staaten; ein dringendes Gebot unserer wirthschaftlichen Nothlage

ISBN/EAN: 9783743679863

Hergestellt in Europa, USA, Kanada, Australien, Japan

Cover: Foto ©Suzi / pixelio.de

Weitere Bücher finden Sie auf **www.hansebooks.com**

Die Erweiterung

des

deutschen Wirthschaftsgebiets

und die

Grundlegung zu überseeischen deutschen Staaten.

Ein dringendes Gebot unserer wirthschaftlichen Nothlage.

Von

Ernst von Weber.

Ritter des Königl. Sächsischen Albrechtsordens, des Königl. Niederländischen Ordens der Eichen-
krone, des Königl. Dänischen Danebrog- und des Sachsen Ernestinischen Haus-Ordens, Inhaber
der Kaiserl. Königl. Oesterreichischen Goldenen Medaille für Kunst und Wissenschaft.

Leipzig,

Verlag von A. Twietmeyer.

1879.

Vorwort.

Der hier folgende Vortrag wurde, allerdings in bedeutend gekürzter Form, am 29. April 1879 im Berliner Verein für Handelsgeographie gehalten. Die Einladung, das vorliegende Thema zu besprechen, war mir um so willkommener gewesen als ich die Zeit gekommen glaube, wo alle Patrioten, die sich für eine so wichtige Frage interessiren, Hand ans Werk legen müssen. Und ganz speciell berufen in dieser Sache seine Stimme zu erheben dürfte wohl ein jeder Deutsche sein, der selbst Gelegenheit hatte, längere Jahre ferne überseeische Länder zu durchpilgern und dort die traurige Wahrnehmung zu machen, wie sehr die deutschen Interessen und die gesammte politische und gesellschaftliche Stellung des deutschen Elements im Auslande darunter leiden, daß bis jetzt nirgendwo in der Welt es den ausgewanderten Theilen des deutschen Volks gestattet gewesen ist, eigene nationale Staaten zu begründen. Freilich, der anhaltend im schönen Vaterlande wohnende und ungestört alle die hohen Annehmlichkeiten seiner Cultur genießende Deutsche hat ungleich weniger Gelegenheit und Veranlassung, sich über die fortwährende Entdeutschung unserer Auswanderer zu ärgern und zu echauffiren und über deren politische und volkswirthschaftliche Folgen sich zu beunruhigen. Gibt ihm doch der Blick auf die so gefestigt erscheinende Ordnung aller ihn umgebenden heimischen Verhältnisse, namentlich auf das unserem Reichsoberhaupte zu Gebote stehende prächtigste und imposanteste aller zeitgenössischen Kriegsheere, ein natürliches Gefühl von behaglicher Sicherheit, Befriedigung und gemüthlichem Sichselbstgenügen, das durch keine dunkelfarbigen Bilder von jenseit des Meeres in seinem wohlbehäbigen Gleichmuthe gestört wird. Man muß eben unbedingt einmal selbst in die weite überseeische Welt hinausgekommen sein, wenn Einem Auge und Sinn gehörig geöffnet werden sollen über einen schweren und tief beklagenswerthen nationalen Krebsschaden, welcher dem lebenslang zu Hause bleibenden, im trauten Familienkreise und am Stammtische unter zufriedenen Zechgenossen sein Dasein gemächlich verbringenden Landsmanne kaum zu Bewußtsein zu kommen oder wenigstens ziemlich unverständlich zu bleiben pflegt.

Mit Vergnügen habe ich zu constatiren, daß in einer anderen Richtung meinen patriotischen Wünschen schon sehr bald eine wenigstens theilweise Befriedigung werden soll. Unterstützt durch eine reiche Schenkung des Königs der Belgier, hat sich die Berliner Afrikanische Gesellschaft entschlossen, eine deutsche Handelsstation zwischen der Congomündung und dem Tanganyka=See zu begründen. Wir müssen diesen ersten Schritt zur Ausdehnung unseres Wirthschaftsgebietes mit herzlicher Sympathie begrüßen, und dies um so mehr, als daraus von selbst die Nothwendigkeit weiterer Schritte resultiren wird. Der mächtigste Eichbaum nimmt seinen Anfang in dem schwachen Keimchen innerhalb der kleinen Eichel! Aus gleichem Grunde müssen wir uns freuen über die Thatsache, die in diesen Tagen bekannt wurde, daß die kaiserliche Regierung eine neue Marinestation auf einer australischen Inselgruppe erworben hat. Wir haben deren im Großen Ocean nun schon vier: die erste auf den Tonga=Inseln (Vavau), die zweite in Neubritannien (Mioko auf der Insel Duke of York), die dritte auf den Marshall=Inseln (Jalluit) und die vierte und neueste auf den Samoa=Inseln (Saluafata auf Upolu). Bei dem Umstande daß der größte Theil des Handels= und Plantagenbaues der polynesischen Inselgruppen sich in deutschen Händen befindet und noch einer sehr großen Entwickelung fähig ist, müssen wir der kaiserl. Regierung aufrichtig dankbar sein, daß sie sich, gewitzigt durch die rücksichtslose englische Annexion der ja auch dem deutschen Wirthschaftsgebiete angehörigen Fidschi=Inseln, noch in der letzten

Stunde entschlossen hat, der bereits geplanten Inbesitznahme der sämmtlichen westaustralischen Inselgruppen durch die Colonialregierung von Neuseeland einen Riegel vorzuschieben und dadurch dem deutschen Handel und Plantagenbau in Oceanien für alle Zukunft durch internationale Verträge die feste und geschützte Stellung zu geben, deren er bedurfte. Aber die Erweiterung unseres Wirthschaftsgebietes und der Gewinn einiger australischen Schifffahrtsstationen sind nicht das Einzige was uns noth thut. Die Verbreitung der deutschen Nationalität in überseeischen kontinentalen Welten erscheint mir vom patriotischen Standpunkte aus wohl noch wichtiger. Gegenüber dem in unaufhaltsamem Sturmschritt vorrückenden riesenmäßigen Wachsthum der angelsächsischen und russischen Nationalitäten sind die Zukunftsaussichten für das deutsche Volkselement wenig verheißungsvoll. Aber es ließe sich doch Manches thun, um die Chancen für unsere zukünftige Weltstellung günstiger zu gestalten. — Ein uns nahe verwandter Volksstamm ringt im fernen Südafrika um seine Unabhängigkeit. Seinem Wunsche nach deutschem Schutze konnte bisher aus Gründen der hohen Politik leider nicht gewillfahrt werden. Es wäre jedoch gut wenn wir Deutschen in irgend einer Weise die Bestrebungen jener südafrikanischen Hünen fördern könnten, denn die Sympathien, welche dieser urkräftige und brave teutonische Volksstamm für sein deutsches Mutterland hegt, sind von großem Werthe für uns und würden es uns eventuell außerordentlich erleichtern, auf dem gesunden südafrikanischen Hochplateau, soweit dasselbe noch nicht von den Engländern mit Beschlag belegt ist, festen Fuß zu fassen. —

Ich möchte schließlich bitten, die mitunter gewiß recht ungeheuerlich erscheinenden Zahlenaufstellungen in dieser Broschüre nicht nur als luftige statistische Rechenspielereien und Schwärmereien betrachten zu wollen. Denn es liegt leider in den Thatsachen, auf welche jene Wahrscheinlichkeits-Rechnungen begründet sind, eine tiefernste Realität. Vielleicht aber bringt es der Geist der Geschichte anders als ich befürchtet und erhebt das deutsche Volk doch noch zu jener kosmopolitischen Weltstellung und jenem Nationalwohlstande, die jeder Patriot ihm wünschen muß und die es so lange hat entbehren müssen. Die Kraft und Intelligenz, nach den höchsten Zielen zu ringen ist ja in unserm Volke vorhanden und es bedarf nur eines einmüthigen Zusammenwirkens, um solche Ziele zu erreichen. Zuvörderst aber muß es ins allgemeine Bewußtsein dringen was uns noth thut und Jeder möge dann sein Scherflein beitragen, um sich an der Lösung der großen nationalen Aufgabe zu betheiligen.

Dresden, 12. Juni 1879.

Ernst von Weber.

Inhaltsverzeichniß.

	Seite
Vorwort	I—IV
I. Die Enge des deutschen Wirthschaftsgebietes und ihre Folgen	1—10
II. Die Erfolglosigkeit der bisherigen deutschen Auswanderung	10—15
III. Der reiche Erfolg der englischen Auswanderung und die Anglisirung des Erdballs	15—22
IV. Deutsche und englische Interessen in Afrika	22—28
V. Die niederdeutsche Bauernbevölkerung der „Africanders"	28—34
VI. Transvaal, der Garten von Südafrika	35—41
VII. Ein guter Rath der Saturday Review	44—50
VIII. Die Grundlegung zu deutschen Zukunftsstaaten auf der südlichen Halbkugel	50—74
Anhang	75—76
Kurze Auszüge aus Urtheilen der Presse über E. v. Webers 4 Jahre in Afrika	77—80

I.

Die Enge des deutschen Wirthschaftsgebietes und ihre Folgen.

Mit aufrichtiger Freude habe ich die Bildung dieser neuen „Deutschen Gesellschaft für Handelsgeographie" begrüßt, die so gemeinnützige und mir speciell so sympathische Ziele verfolgt. Schon in meinem 1878 erschienenen Buche: „Vier Jahre in Afrika" habe ich drei Capitel ausschließlich der Frage über unsere Massenauswanderung gewidmet und darin die absolute Nothwendigkeit, daß unsere Nation endlich sich mit der Anlage eigner Colonien befassen müsse, nachzuweisen gesucht. Ich hatte die wohlthuende Genugthuung, daß unser großer Afrikaforscher Gerhard Rohlfs in einem Artikel in den Hamburger Nachrichten (vom 26. Juni 1878) sich über jene Capitel meines Werks in folgender Weise aussprach: „Die Lectüre dieses Buchs ist nicht „genug Jenen zu empfehlen, welche meinen, daß die Größe und „Machtstellung eines Volks zum größten Theil durch Colonial„besitz gehoben und gefördert werden können. Und es läßt sich „nicht leugnen: in den meisten Punkten hat Herr v. Weber „Recht. Auch Die, welche am meisten gegen Colonisation ein„genommen sind, werden durch die Ausführungen des Herrn „v. Weber überzeugt werden, daß eine rationelle Colonisation „fürs Mutterland nur vortheilhaft sein kann."

Und eine weitere Genugthuung gaben mir die, dieselben Capitel meiner „Vier Jahre in Afrika" betreffenden Bemerkungen des scharfsinnigen und patriotischen Verfassers des kürzlich erschienenen und vielgelesenen Buches: „Ethiopien", Dr. Hübbe-Schleiden, indem derselbe auf Seite 407 dieses Werks sagt: „Ich kann nur dem Geiste zustimmen, in welchem v. Weber das 25. und 26. Capitel seiner Vier Jahre in Afrika geschrieben hat. Dieselben werden jedem Deutschen gefallen, der ein Herz für das deutsche Reich hat und dem die hergebrachte Resignation unserer „Alten" noch nicht alle Courage für die Zukunft und allen Glauben an sich selbst ausgetrieben hat. Wohl thut es dem deutschen Leser wehe, so viel von Deutschlands Elend zu hören, aber noch viel weher thut solchem Schreiber das Gedächtniß alles dessen, was er mehr noch weiß und sagen könnte, hielte er es nicht für unnöthig."

Freilich war, als ich mein Buch im vorigen Jahre veröffentlichte, die Aufmerksamkeit des großen deutschen Publikums noch nicht in dem Grade auf die vorliegende Frage hingelenkt als wie sie es jetzt ist, Dank unserer immer mißlicher werdenden wirthschaftlichen Nothlage. Man ist zwar bisher in sanguinischem Optimismus gern geneigt gewesen, diese Nothlage nur als eine vorübergehende anzusehen; dieselbe stellt sich jedoch für den tieferen Beobachter immer mehr und mehr als eine dauernde Combination von Verhältnissen heraus, deren Grund tiefer liegt als in der bloßen, seit einiger Zeit über alle Länder der civilisirten Welt verbreiteten Handelskrisis. Die Hauptursache dieser übeln materiellen Lage unserer Nation dürfte in zwei Dingen zu suchen sein. Erstens in der fortwährend in so außerordentlichem Maße vorschreitenden Bevölkerungs-Zunahme Deutschlands. Unser Volk vermehrt sich alljährlich um fünf- bis sechshunderttausend Köpfe. Leider gehört die ungeheure Majorität dieses Volkszuwachses den vermögenslosen Volksklassen an, so daß die Zahl der Proletarier fortwährend in einem erschreckenden Maße zunimmt. Statt daß nun dieser Zunahme unserer Arbeiterbevölkerung eine verhältnißmäßige Ausdehnung unseres Wirthschaftsgebietes entsprechen sollte, ist das Gegentheil eingetreten: eine Verengerung desselben durch Verminderung unserer Absatzmärkte. Und hierin liegt die zweite Quelle unseres nationalen Elends. In Folge dessen lohnt die Arbeit bei uns in weit geringerem Maße als wie sie es sollte. Was diesen Punkt betrifft, so wird wohl Niemand bestreiten wollen, daß es kein zur Ernährung einer Familie hinreichender Lohn ist, wenn z. B. im sächsischen Voigtlande ein Weber und seine Frau zusammen neun Tage angestrengt arbeiten müssen, um ein Stück fertig zu weben, für das ihnen nach Abzug der Spulerlöhne und des Wachses nur noch ein Arbeitslohn von 4 M. 10 Pf. verbleibt. Das giebt pro Person und pro Tag 23 Pf.!! Bei solchem Hungerlohn hört alles Streben und alles Vertrauen auf eine bessere Zukunft in dem Arbeiter auf; er weiß, daß weder er noch seine Kinder je der bittersten Armuth entrinnen können und es fehlt ihm in Folge dessen jeder Antrieb zur eignen Vervollkommnung. In demselben Maße als der Lohn für die Arbeit sich erniedrigt, sinkt auch die Güte und die Concurrenzfähigkeit der Arbeitserzeugnisse. Diesen Vorwurf der mangelnden Güte und der Absatzschwierig= keit unserer durchschnittlichen deutschen Fabrikate habe ich auf meinen überseeischen Reisen so oft von deutschen Kaufleuten aussprechen hören, daß ich darnach nicht umhin kann, selbst daran zu glauben. Kaufleute in Capstadt, Natal, im Oranje Freistaat, in Delagoa Bay und Mozambique, mit denen ich dieses Thema besprach, waren einstimmig in der Versicherung daß sie mit deutschen Waaren dort keine Geschäfte machen könnten, da die englische Concurrenz alle ihre Fabrikate besser, solider, praktischer und dauerhafter liefere, dazu auch in elegan= terer und dem Geschmacke der dortigen Bevölkerungen mehr zusagender Form. Und weiter sagten mir jene Herren, daß der geringe Spielraum, den die englische Concurrenz noch übrig lasse, an der ganzen ostafrikanischen Küste von den thätigen Hindi=Kaufleuten aus Bombay monopolisirt werde, mit denen ebenfalls kein Importeur deutscher Waaren concurriren könne. Das Einzige von deutschen Waaren, was einen glänzenden Ab= satz an der ostafrikanischen Küste findet, sind Schießgewehre, und hieran haben alle die Händler, die sich speciell mit diesem Artikel befaßten, kolossal verdient, indem sie bei jeder einzelnen Sendung, die sie aus alten abgelegten Vorräthen deutscher Zeug= häuser sehr billig bezogen, volle 400% verdienten.

Ist nun in vielen fremden Ländern der Import deutscher Waaren theils in Folge von erschwerenden Schutzzöllen, theils in Folge der unconcurrenzfähigen Qualität unserer Fabrikate auf ein Minimum zusammengeschrumpft, so liegt es auf der Hand, daß, um der alljährlich wachsenden Ueberzahl von ernährungsbedürftigen Arbeitern*) Brod zu bieten, wir nur zwei Mittel haben, die am besten zusammen angewendet werden sollten: **Verminderung der Zahl unserer ärmsten Arbeiter durch stetige Massenauswanderung, und Eröffnung neuer Märkte für unsere Arbeitserzeugnisse durch Aufschließung neuer Handelsgebiete.** Beiden Zwecken würde durch die Anlage deutscher Colonien gedient werden, dem ersten durch Gründung von Ackerbau-Colonien, dem zweiten

---

*) Von Braunschweig wird der Magdeburger Zeitung im Mai 1879 geschrieben:

„Wie man von Aerzten hört, herrscht unter den sogenannten Handwerksburschen ein kaum glaublicher Nothstand, gegen den energisch irgend Etwas geschehen muß. Die Leute sterben an der Landstraße und in den Stallräumen, weil sie zu spät in ärztliche Behandlung kommen. Haben auch besonders die eigentlichen Fechtbrüder unter der schlimmen Zeit des Winters gelitten, so darf man doch annehmen, daß ein großer Theil der verhungernden — ich habe keinen milderen Ausdruck für das, was ich sagen muß — Wanderburschen Leute sind, die arbeiten wollten, wenn sie nur Arbeit fänden. Es ist festgestellt, daß Handwerksburschen, die todesmatt in das hiesige Spital kamen, jahrelang gewandert sind und währenddem nur kurze Zeit Arbeit hatten, während sie früher jahrelang in einer und derselben Werkstatt beschäftigt waren: ein Zeichen, daß sie nicht eben Bummler von Haus aus waren. Man könnte die unter den Leuten herrschende Krankheit Bettlerpest nennen, denn die Krankheit ist ansteckend. Es sind daher auch schon Desinfektionen der Herbergen ꝛc. vorgenommen worden. Diese reichen aber nicht aus. Durchaus nöthig wird sein, daß die von den Aerzten für krank befundenen Wandergesellen sofort Aufnahme finden können und nicht erst von Herodes zu Pilatus laufen müssen, ehe sie ein Plätzchen der Ruhe finden. Die Krankenhäuser liegen voll, und in den Herbergen sollen wahrhaft erschreckende Bilder des Elends vor das Auge treten. Wird da Anderes übrig bleiben, als provisorische Krankenräume zu schaffen?

durch Anlage von Handels-Colonien. Bezüglich der ersteren müßten wir unsere Augen auf möglichst menschenleere Länder werfen, bezüglich der letzteren hauptsächlich auf recht bevölkerte. Außer diesen beiden Arten von Colonien brauchen wir aber ganz nothwendig noch eine dritte: Straf-Colonien. Es ist eine bekannte Thatsache, daß im preußischen Staate innerhalb der 6 Jahre von 1871—77 die Zahl der abgeurtheilten Verbrechen auf die doppelte Höhe gestiegen ist, dies giebt, eine jährliche Zunahme der Verbrechen um $16\%_0$!! In Folge dessen wächst fortwährend die Ueberfüllung unserer Gefängnisse, die außerordentlich kostspielige Neubauten benöthigt*) und auch außerdem unserm Staatenbudgets von Jahr zu Jahr höhere Unterhaltungskosten aufbürdet. Vergleichen wir hiermit die günstigen öconomischen Erfolge, die wir bei den russischen Straf-Colonien in Sibirien und bei den englischen in Australien gesehen haben, so drängt sich uns unabweisbar der Gedanke auf, daß eine Etablirung deutscher Straf-Colonien sowohl im Interesse des Staats als in demjenigen der unsere Gefängnisse und Zuchthäuser anfüllenden Verbrecher selbst im höchsten Grade wünschenswerth sein würde. Kann je der lange Aufenthalt in Gefängnissen und Zuchthäusern alle die Chancen moralischer Besserung und bürgerlicher Rehabilitirung bieten als wie die relative Freiheit, welche die Zwangsansiedler einer Strafcolonie genießen? Wie zahlreich sind die Beispiele, daß in Sibirien und Australien zu langer Strafe verurtheilte Verbrecher sich durch Arbeit und Fleiß in eine glückliche öconomische Lage und eine freie und unabhängige Stellung hinaufgearbeitet haben! Sind nicht aus einem Theile der australischen Exilirten die besten und wohlhabendsten Colonisten geworden? Auch Sibirien verdankt seinen partiellen Culturzustand zu einem nicht geringen Theile der Arbeit der Verbannten, deren sich gegenwärtig 300,000 dort befinden, wo-

*) Hat mir doch ein Jurist mitgetheilt, daß der Neubau eines Zellengefängnisses comme il faut 4 Millionen M. kosten und daher die befürwortete Ersetzung aller alten Gefängnisse durch neue Zellengefängnisse eine riesige Summe verschlingen würde!!

runter nur 80,000 gerichtlich verurtheilte schwere Verbrecher, die übrigen nur auf administrativen Wege exilirte „politische Verbrecher" sind. Während in den zwanziger Jahren die jährliche Gesammtzahl der sogenannten „Verschickten" nur ausnahmsweise bis auf 10,000 heranreichte, ist jetzt die durchschnittliche Jahreszifer derselben auf 18,000 gestiegen. Im Jahre 1875 betrug ihre Zahl 18,620, worunter 5000 gerichtlich verurtheilte schwere Verbrecher und 9000 auf administrativem Wege exilirte politische Verbrecher, der Rest bestand in Frauen und Kindern, die freiwillig den Verurtheilten folgten.

Die wegen blos politischer Vergehen „Verschickten", unter denen namentlich viel Polen sich befinden, sind Tags über mit allerhand freien Arbeiten beschäftigt, die sich Jeder selbst wählen kann und womit er sich Geld erwirbt, während Diejenigen von ihnen, die in den größeren Städten internirt sind, (natürlich nur dann, wenn ihr Bildungsgrad sie dazu berechtigt) in den geselligen Kreisen der höheren russischen Beamtenwelt gern gesehene Gäste sind, so daß man bei Soireen eines General-Gouverneurs mit einer ganzen Anzahl von Verbannten in Frack und weißer Cravatte zusammentreffen kann. Nun, daß eine solche Behandlung politischer Gefangener eine humanere, und mehr eine Versöhnung der politischen Gegensätze anbahnende ist als das bei uns übliche kostspielige und die Seele der Gefangenen verbitternde Halten derselben in Gefängnissen, das wird wohl Niemand bestreiten wollen. Eine solche Einrichtung ist aber natürlich nur in abgelegenen und isolirten Strafcolonien möglich.

Ich erwähnte zu Anfang, daß die fortwährend in so großem Maßstabe vorschreitende Uebervölkerung Deutschlands ein Hauptgrund für die Nothwendigkeit einer massenhaften Auswanderung sei. Niemandem kann wohl die Bedenklichkeit des Umstandes entgehen, daß die riesige alljährliche Zunahme unserer Bevölkerung leider ungleich weniger die vermögenden Volksklassen als vielmehr die vermögenslosen betrifft. Die Zahl unserer Arbeiter wächst unaufhörlich, ohne daß die Arbeitskapitalien und die Ernährungsmöglichkeit in gleichem Verhältnisse zunehmen könnten. Der Arbeitsmarkt wird dadurch immer mehr und mehr überfüllt und fortdauernd von allen möglichen zufälligen Stockungen abhängig gemacht, was einen niedrigen, zur Ernährung einer Familie vollständig unzureichenden Arbeitslohn und bei jeder politischen Störung sofort eintretenden Arbeitsmangel zur natürlichen Folge hat. Aus dieser elenden und unsicheren Lage unseres überfüllten Arbeiterstandes folgen selbstverständlich schlechte Ernährung, Körperschwäche und Siechthum, Laster und Krankheiten, Immoralität, Verbrechen und frühzeitiges Sterben*); auch sichert ein solcher materieller und moralischer Sumpfboden den Giftpflanzen der socialistischen Wühlereien das üppigste Gedeihen. Der Mangel an hinreichenden ausländischen Absatzmärkten für die deutsche Arbeit wird immer fühlbarer, die Concurrenz mit englischer, amerikanischer, französischer Arbeit für uns immer schwieriger. Je mehr aber unsere Volkszahl wächst, desto weniger kann sie ihr Brot durch den heimischen Ackerbau allein finden, sondern muß sich der Industrie zuwenden. Werden nicht sowohl für unseren alljährlich so ungeheuern Bevölkerungszuwachs wie für die Ueberproduction der deutschen Arbeit regelmäßige weite Abzugskanäle geschaffen, so treiben wir mit Riesenschritten einer Revolution entgegen, die dem Nationalwohlstande auf lange Zeit die tiefsten Wunden schlagen wird. Die socialistische Gährung in den Köpfen unserer im Denken ungeübten vermögenslosen Massen wird um so gefährlicher, je mehr sie fortdauernd Zuwachs von intelligenten Elementen aus den gebildeten Ständen erhält, die in Folge der allgemeinen schlechten wirthschaftlichen Lage immer zahlreicher ihre Reihen verstärken werden.

Um dem deutschen Staatsorganismus eine gesunde Blutcirculation zurückzuführen und die Auswanderung als Sicherheitsventil für alle die bösen Gase und Dämpfe wirken zu lassen, die den Mechanismus unserer Staaten mit Zersprengen

---

*) Siehe Pastor Stursberg: Ueber die Zunahme der Verbrechen in Deutschland.

bedrohen, müßten alljährlich wenigstens 200,000, noch besser 300,000 Menschen auswandern. Denn unser Bevölkerungszuwachs beträgt ja jetzt alljährlich zwischen 5 und 600,000! Und zwar müßte die ungeheure Mehrzahl dieser Auswanderer aus unsern Proletariern gebildet werden! Nur eine in so großem Maßstabe organisirte Auswanderung wird unseren übervölkerten und vom trostlosesten Pauperismus bedrohten Provinzen eine wesentliche Erleichterung schaffen können, denn eine nur in gewöhnlichem Verhältnisse stattfindende Auswanderung ist als Heilmittel gegen Uebervölkerung und Arbeitsmangel ungefähr dasselbe als es ein Versuch sein würde, bei dem über die Ufer treten eines angeschwollenen großen Stromes die fluthenden Wassermassen durch einen engen Mühlgraben abzuleiten.

Zur Vermeidung von Mißverständnissen muß ich an dieser Stelle einschalten, daß ich, wenn ich von einer Uebervölkerung Deutschlands rede, keineswegs von einer allgemeinen und absoluten, sondern nur von einer relativen Uebervölkerung sprechen will. Denn die Gesammtvolkszahl des Deutschen Reiches hat mit den heute darin wohnenden 44 Millionen Menschen noch lange nicht ihre äußerste Grenze erreicht. Ich meine vielmehr, das Maximum der Bevölkerung, die das deutsche Reich in seinem heutigen Umfange ernähren könnte, würde nicht unter 60 Millionen Köpfen zu veranschlagen sein. Aber die heutige Bevölkerung von 44 Millionen ist im höchsten Grade ungleichmäßig vertheilt. In einzelnen Provinzen ist ganz entschieden eine Uebervölkerung eingetreten, während dagegen in anderen Arbeitermangel stattfindet. Das letztere finden wir namentlich in vorwiegend agrikulturistischen Distrikten, die durch den immer mehr um sich greifenden Zudrang der Landarbeiter nach den großen Städten werthvoller Arbeitskräfte beraubt werden. Vielleicht wäre es gut dem überschnellen Wachsthum unserer Großstädte mit künstlichen Mitteln entgegenzuwirken*) und die

---

*) Siehe Ed. Deutsch: Das sociale Elend der Großstädte. 2. Auflage Wien 1878.

Industrie nicht auf Kosten des Landbaus durch einseitige Begünstigungen zu stimuliren. Guizot sprach diesen Wunsch schon im Jahre 1849 in einer Broschüre aus, worin er zu beweisen suchte, daß das einzige Mittel gegen die politische Unruhe des französischen Volks in einer allmäligen Rückkehr zur Rusticität bestände. — Neben den Großstädten sind es unsere großen Industriebezirke, in denen die Uebervölkerung von Jahr zu Jahr eine bedenklichere Gestalt annimmt. Im Königreich Sachsen z. B. wächst die Volkszahl alljährlich um fast 2%!! Zu einem großen Theile ist dieses geradezu beängstigende Resultat wohl der furchtbaren Zunahme der Proletarierbevölkerung in den großen Fabrikdistrikten zu danken, die ihrer unglücklichen Disposition zu frühen Heirathen und überreichlicher Kinderproduction nicht die mindesten Schranken anlegt und daher im Interesse der Zukunft unsers Nationalwohlstandes ganz speciell durch eine organisirte Massenauswanderung regelmäßig verdünnt und gelüftet werden sollte. Allein die Bevölkerung des die hauptsächlichsten Industriebezirke enthaltenden, nur $84^5/_6$ deutsche Quadratmeilen umfassenden Kreisdirektionsbezirks Zwickau hat sich von 584,707 Köpfen im Jahre 1836 auf 1,032,025 im Jahre 1875 vermehrt, also in 39 Jahren um $76^1/_2\%$, und betrug in Folge dessen 1875 per Quadratmeile 12,165, in den Schönburgischen Bezirken sogar 20,865 Köpfe! Das ist eine Bevölkerungs=Dichtigkeit, welche nur in Lancashire und Surrey, auf der übervölkerten Insel Malta, im Ganges=Tieflande und in den nordöstlichen Provinzen China's noch überstiegen wird! Die in den 39 Jahren zugewachsenen 447,318 Köpfe gehören aber leider zur ungeheuren Mehrzahl den vermögenslosen Volksklassen an!

Was eine richtig in Gang gebrachte Massenauswanderung in großen Verhältnissen leisten kann, zeigt glänzend das Beispiel Irlands. Im Jahre 1845 besaß diese Insel eine zu einem Theil vollständig verarmte Bevölkerung von 8,295,061 Köpfen. Massenauswanderung hauptsächlich hat diese Bevölkerung in 30 Jahren um 2,997,329 Köpfe vermindert, also

um 36%, indem die Gesammtbevölkerung der Insel 1875 nur noch 5,297,732 Köpfe betrug. Im natürlichen Zusammenhange mit dieser Massenauswanderung sank die Zahl der brotlosen Armen in Irland von 620,700 im Jahre 1849 auf
209,200 „ „ 1851
106,300 „ „ 1854
und 45,000 „ „ 1860 und ist erst neuerdings wieder auf 81,000 gestiegen.

An eine ähnliche großartige Massenauswanderung ist aber natürlich bei uns nicht zu denken, so lange jeder Auswanderer nur aus eigenen Mitteln seine Reise und Uebersiedelung bestreiten soll. Denn gerade Diejenigen, an deren Auswanderung uns im allgemeinen Interesse am meisten liegen muß, die Proletarier, haben ja das Geld nicht dazu, Diejenigen aber, welche etwas Geld haben, die müssen wir wünschen im Lande zu behalten. Bei der bisherigen deutschen Auswanderung ist es nun leider der Fall gewesen daß fast nur Solche ausgewandert sind, die ein kleines Vermögen, wenn auch nur ein Capital von ein paar hundert Thalern, besaßen, daß aber alle Die, welche gar nichts hatten, fast sämmtlich im Vaterlande verblieben sind. Und leider sind die Familien dieser armen Proletarier gewöhnlich gerade die kinderreichsten, wie wir so häufig in den Fabrikbezirken unseres sächsischen Erzgebirges und der Muldengegend und in den schlesischen Weberdistricten constatirt haben.

II.

Die Erfolglosigkeit der bisherigen deutschen Auswanderung.

Wenn wir einen Blick auf die gesammte bisherige Auswanderung aus Deutschland werfen, so finden wir unter Zugrundelage der Löhr'schen Berechnung, daß in den 64 Jahren von 1815—79 ziemlich genau 4 Millionen Deutsche ausgewandert sind. 90% davon, also 3,600,000 wendeten sich den

Vereinigten Staaten von Nordamerica zu. Bekanntlich ist nun aber der großen Auswanderungsperiode unseres 19. Jahrhunderts schon eine frühere im 18. Jahrhundert vorangegangen. Die Auswanderung von Deutschen nach Nordamerika begann ja schon im Jahre 1682, als Pistorius von Frankfurt aus die erste Gesellschaft deutscher Emigranten nach Pennsylvanien führte. Und bereits von 1729, noch mehr aber von 1755 her datiren schon Klagen von angloamerikanischen Colonialbeamten, die aus der fortdauernden Ueberschwemmung des Landes mit deutschen Einwanderern eine vollständige Teutonisirung der amerikanischen Colonien befürchteten. Nach Wappäus befanden sich zur Zeit der Losreißung der amerikanischen Colonien von England schon 500,000 Colonisten von deutscher Abkunft in den Vereinigten Staaten. Rechnen wir nun bei der in Nordamerika erfahrungsgemäß stattfindenden Verdoppelung der Bevölkerung in jeden 25 Jahren die natürliche Familienvermehrung dieser früheren deutschen Colonisten mit der späteren, seit 1815 wieder in Fluß gekommenen deutschen Einwanderung sowie auch deren neuer innerer Familienvermehrung zusammen, so kommen wir auf eine Summe von $11^1/_2$ Millionen Menschen deutscher Abstammung unter der heutigen Bevölkerung der Vereinigten Staaten. Es ist also der volle 4. Theil der heutigen Gesammtbevölkerung der Vereinigten Staaten von deutschem Stamme entsprossen. Ich berücksichtige hierbei natürlich nicht weiter die particelle Vermischung des deutschen Blutes mit englischem Blute, indem die Ehen zwischen deutschen Männern und Amerikanerinnen und diejenigen zwischen angloamerikanischen Männern und deutschen Mädchen sich gegenseitig wohl ziemlich ausgleichen möchten.) Wenigstens $^2/_3$, wo nicht $^3/_4$ dieser Deutschamerikaner sind nun aber freilich in Sprache, Sitten und Nationalgefühl vollständig entdeutscht und amerikanisirt, weshalb auch ein richtiger Yankee es niemals zugeben wollen wird, daß unter den jetzigen 45 Millionen Einwohnern der Union das deutsche Element so reichlich vertreten sein könne. Die englische Schulerziehung und die zahlreichen Mischehen arbeiten außerordentlich rasch an der Entnationalisirung der neuzugewanderten deutschen Volkselemente. Wenn wir aber im Geiste zusammenrechnen, was für einen ungeheuren nationalökonomischen Verlust uns bisher diese deutsche Massenauswanderung gebracht hat, und zwar nur deshalb, weil sie uns wirthschaftlich mit ihrem gesammten Eigenthum, ihrer gesammten Productions- und Consumtionskraft absolut verloren gegangen ist, da möchte ein patriotisches Herz in lautes Wehklagen ausbrechen! Denn man kann nicht umhin daran zu denken, was sich mit einer solchen riesigen Summe von Menschen- und Kapitalskraft hätte ausrichten lassen, wenn die gesammten ausgewanderten Theile unseres Volkes hätten in eigenen nationalen Colonien zusammengehalten werden können*)! Wären diese unserer Nation verloren gegangenen endlosen Auswandererzüge z. B. sämmtlich von Anfang an nach Südamerika gerichtet und dort concentrirt worden, so würde dort ganz sicher heute ein mächtiges deutsches Reich bestehen, das wahrscheinlich den Namen der Vereinigten Staaten von Südamerika führen würde. Die mächtige Wasserbahn des königlichen La Platastromes würde zu einem mit zahlreichen Segeln und Dampfern durchkreuzten südamerikanischen Rhein, die Städte Buenos Ayres und Montevideo würden zu prächtigen deutschen Kriegshäfen geworden sein. Und nun denke man sich, welche Rückwirkung ein solches Neudeutschland in Südamerika auf das alte Mutterland haben würde! Es giebt für ein Land kein productiveres Geschäft als die gemeinschaft-

---

*) Man bedenke auch noch, daß es meist lauter kräftige unternehmungslustige und in den besten Jahren stehenden Leute zu sein pflegen, welche auswandern, während alle Krüppel, Kränklichen und Schwächlinge, alle Bettler und Pflegebedürftigen im Vaterlande zurückbleiben müssen.

Es ist daher die bisherige deutsche Auswanderung sehr passend mit der jährlichen Aussendung eines Heeres von 100,000 kräftigen und vollständig ausgerüsteten Soldaten verglichen worden, das nach dem Ueberschreiten der Grenze für immer dem Vaterlande den Rücken wendet und zu fremden Armeen übergeht.

liche Uebersiedelung von Kapitalien und Arbeitern nach einer Colonie, die mit dem Mutterlande wirthschaftlich verbunden bleibt. Diese wirthschaftliche Verbindung, nicht die politische, ist das Wesentliche. Der gegenseitige Austausch von Rohprodukten und Fabrikaten, die rege befruchtende Wechselwirkung von Produktion und Consumtion, das Schaffen immenser neuer Werthe in der Colonie durch den stetig fortschreitenden Bodenanbau und das fortdauernde Eröffnen neuer Erwerbsquellen durch Benutzung neuerschlossener Naturschätze haben die natürliche Wirkung, sowohl das Mutterland wie die Colonie stetig und anhaltend zu bereichern. Wir sehen diese Folgen so in die Augen springend an England und Holland, daß man wirklich blind sein müßte, um den Segen eines ausgedehnten Colonialbesitzes für das Mutterland leugnen zu wollen. Jeder Deutsche, der in überseeischen Ländern gereist ist, wird wohl das Gefühl mit nach Hause gebracht haben, daß wir in unserem colonienlosen Vaterlande in engen und kleinlichen Verhältnissen, so zu sagen auf einem Pfennigfuße leben, der mit dem in England und seinen Colonien und in Nordamerika uns so imponirenden großen Maßstabe aller Erwerbsverhältnisse auf das Kläglichste absticht. Schon der durchschnittliche Vermögensmaßstab, mit dem man die Kapitalien von Personen mißt, welch ein so ganz anderer ist er in coloniebesitzenden germanischen Ländern als hier bei uns! Zählt man doch in der einzigen Stadt Amsterdam mehr Millionäre als im ganzen deutschen Reiche zusammengenommen! Und in New-York, dem Centralpunkte des Reichthums der Amerikanischen Nation, deren heutige Macht doch auch nur aus einer Menge von fortwährend nach Westen vorschreitenden Tochter-Colonien emporgewachsen, ist der übliche Vermögensmaßstab, den man an die Leute legt, ein so gänzlich verschiedener von dem in unserm armen und colonienlosen Vaterlande gebräuchlichen, daß z. B. ein Mann mit einem Vermögen von 300,000 M., den man bei uns schon zu den Reichen zählt, dort entschieden noch zu den Armen gerechnet wird: erst wer von 600,000 M. bis 1 Million Dollars besitzt, gilt in New-York für well off (wohlauf), wer von 1 bis 10 Millionen Dollars besitzt, für independent (unabhängig) und erst wer mehr als 10 Millionen Dollars sein zählt, hat die Ehre, ein reicher Mann genannt zu werden. Und solcher Leute, die über 1 Million Dollars haben, giebt es ja in New-York eine erstaunlich große Menge!

Amerikanische Statistiker haben sich die Mühe gegeben auszurechnen wie hoch sich wohl in Zahlen der nationalökonomische Werth der fremdländischen Einwanderung in den Vereinigten Staaten veranschlagen ließe. Sie ziehen in ihre Berechnung zugleich die für die Einwanderer aufgewendeten Erziehungskosten, die sie für jede über 16 Jahre alte Person mit 150 M. jährlich, also mit 2400 M. pro Kopf veranschlagen, ferner die productive Arbeitskraft der Einwanderer, die sie als eine finanzielle Steuerkraft zu 1200 Dollars gleich 4926 Mark pro Kopf schätzen und endlich die von den Einwanderern mitgebrachten baaren Kapitalien, die erfahrungsmäßig im Durchschnitt für jeden eingewanderten Deutschen 200 Dollars betragen hat. Darnach ergiebt sich folgendes interessante statistische Exempel:

In den letzten 64 Jahren wanderten 4000000 Personen aus Deutschland aus.

Die Erziehungskosten der Erwachsenen, also etwa $^4/_5$ dieser Anzahl sind zu rechnen: 3,200,000 × 2400 .. 7680,000000 M.

Mitgenommenes Kapital von 3,200,000 pro Kopf 200 Dollars. Rechnen wir aber selbst nur 150 Dollars per Kopf gleich $616^1/_2$ M., so ergiebt dies .. 1972,800000 M.

Materielle Arbeitskraft pro Kopf 1200 Dollars gleich 4926 M., wenn nur von den männlichen Auswanderern, etwa 55 % der Gesammtzahl, gerechnet, also von 2,200,000 Personen .. 10837,200000 M.

Sa.: 20490,000000

Rechnet man die früheren deutschen Auswanderer (von 1682 bis 1815) mit ca. 500,000 Köpfen hinzu, so würde die Summe des weggetragenen deutschen Nationalvermögens noch etwa um ⅛ höher steigen, also auf circa 23000,000000 M. Diese Zahlenaufstellung, die ich einem vielgelesenen Blatte nachgerechnet habe, erscheint allerdings schon wegen der kolossalen Summen ein wenig ungeheuerlich, wird aber doch wohl in der Hauptsache richtig sein. Die in Geld veranschlagte Arbeitskraft eines Mannes ist jedenfalls zugleich als eine finanzielle Steuerkraft zu betrachten und bereichert als solche den Staat, dem diese Arbeitskraft gewidmet wird; ebenso kommen die Erziehungskosten der Einwanderer in ihrer fortwirkenden Productivität ihrem neuen Adoptivvaterlande zugute.

III.

Der reiche Erfolg der englischen Auswanderung und die Anglisirung des Erdballs.

Eine Auswanderung solcher riesigen volkswirthschaftlichen Capitalien würde nun absolut nichts Nachtheiliges haben, wenn der ausgewanderte Theil des Volkes mit der im Mutterlande zurückgebliebenen Hauptmasse wirthschaftlich verbunden bliebe. Dieses Verhältniß findet in allen englischen Colonien statt, indem die ausgewanderten Engländer ihrer Nation und Sprache treu bleiben und durch den continuellen gegenseitigen Austausch von Rohproducten und Fabrikaten theils sich selbst bereichern, theils zum Wachsen des Nationalvermögens des alten Stammlandes beitragen. Und dieser stetigen Reichthumsquelle einerseits, andererseits dem klugen und emsigen Aufsuchen und sorgfältigen Pflegen immer neuer Absatzmärkte und der fortwährenden räumlichen Erweiterung des englischen Wirthschaftsgebietes ist es zu danken, daß, während in 60 Jahren die Bevölkerung Großbritanniens sich mehr als verdoppelte, in derselben Zeit das Nationaleinkommen sich mehr als vervierfacht hat. Dasselbe stieg nämlich allmälig von 2600 Millionen Mark im Jahre 1815 auf 10,720 Millionen Mark im Jahre 1875! Und die Summe der versteuerten Erbschaften, die 1815 nur eine Jahreszisser von 500 bis 600 Millionen Mark betrug, war im Jahre 1875 auf 2000 Millionen Mark gestiegen! Auch die Höhe der Arbeitslöhne ist in Großbritannien in Folge seines weiteren Absatzgebietes eine viel günstigere als bei uns. Ein englischer Fabrikarbeiter und seine Frau verdienen zusammen durchschnittlich 1050 M. jährlich. Der Landtagelöhner erhält pro Tag 2 M., während das Brod in England höchstens 25% theurer ist als auf dem Continent.

Circa 7½ Millionen Engländer (exclusive die in Ost- und Westindien und Südamerika wohnenden) bilden jetzt, zerstreut über die ganze Welt, eine Zahl von Bruderstämmen und Brudervölkern, die alle durch politische Bande, patriotische Sympathien und geschäftliche Verbindungen an das alte Mutterland geknüpft und für die Blutcirculation des alten Staatsorganismus durch den regelmäßigen Abfluß, den sie dessen überflüssigen Säften gewähren, äußerst dienlich sind, fortwährend zu dessen Stärkung und Bereicherung beitragen und bei ihrer steten, in geometrischer Progression vorschreitenden Bevölkerungszunahme aus eigner Kraft den Grundbau zu großen angelsächsischen Staaten der Zukunft legen, welche in wenigen Jahrzehnten den ganzen Erdball mit englisch redenden Bevölkerungen umspannen werden.

Es giebt freilich auch Perioden in der Colonialentwickelung, in denen die Colonien dem Mutterlande sehr unerwünschte Kosten bereiten. Was haben die indischen Kriege England für Geld gekostet! Desgleichen verschlingt jetzt der Zulukrieg gewaltige Summen. Indessen wer viel einnimmt, kann auch viel ausgeben; im Großen und Ganzen erhöhen productenreiche Handels- und Ackerbau-Colonien das Nationalvermögen des

Mutterlandes in einem so bedeutenden Grade, daß dasselbe sich gern von Zeit zu Zeit solche außergewöhnliche financielle Aderlässe gefallen lassen kann. Und überdies wären durch eine klügere Politik so manche dieser Kriege zu vermeiden gewesen, namentlich der jetzige Zulukrieg.

Ich bemerkte vorhin, daß der ganze Erdball in nicht zu langer Zeit mit englisch redenden Bevölkerungen umspannt sein wird. Ich habe damit nicht zu viel gesagt. Schon gegenwärtig wird die englische Sprache von ca. 91 Millionen Menschen europäischer Abstammung gesprochen. Es wohnen nämlich

in Großbritanien (1879) 34½ Millionen
in den britischen Colonien 8 „ (eingerechnet auch die in Ostindien, Westindien, Südamerika wohnenden Engländer)
im Auslande 3 „
zusammen 45½ Millionen Briten, zu denen nun noch (1879) 45½ Millionen Nordamerikaner kommen, für welche ebenfalls die englische Sprache die allgemein herrschende Sprache geworden ist, der sich alle Einwanderer unterwerfen müssen.

In Großbritannien vermehrt sich die Bevölkerung aus eigenem innern Zuwachse durch den alljährlichen Ueberschuß der Geburten über die Todesfälle ungefähr alle 50 Jahre um 100 Procent, also auf das Doppelte. Dieses Verhältniß des Volkszuwachses konnte natürlich in verschiedenen historischen Perioden kein stationäres gewesen sein, da es von so vielen äußerlichen Umständen, namentlich von der veränderlichen Weite des Nahrungsspielraums eines Volkes abhängig ist. Je mehr dieser letztere sich erweitert, desto mehr zeitige Heirathen werden geschlossen und desto mehr Kinder wird es dann geben. So hat sich die Bevölkerung von Großbritannien

von 1651 bis 1751 nur um 1 Million vermehrt (von 6 auf 7 Millionen)
von 1751 bis 1851 um 14 Millionen (von 7 auf 21 Mill.)

von 1851 bis 1875, in nur 24 Jahren, aber schon um 12 Millionen (von 21 auf 33 Millionen), also um 57 Procent! Würde der letztere Maßstab noch ein halbes Jahrhundert lang stationär bleiben, so würde die heutige Bevölkerung von 34 Millionen sich schon in 36 Jahren verdoppeln! In den Vereinigten Staaten von Nordamerika sowie in den amerikanischen, australischen und südafrikanischen Colonien Großbritanniens pflegt jedoch diese Verdoppelung der Volkszahl schon in 25 Jahren vor sich zu gehen, hauptsächlich infolge des allgemeinen und außerordentlich frühen Heirathens, der überaus großen Fruchtbarkeit der Ehen (welche die bei allen nichtgermanischen Volksrassen herrschenden Verhältnißzahlen ganz erstaunlich übersteigt) und der geringen Sterblichkeit unter den Kindern, welche günstigen Verhältnisse unmittelbar aus der dort noch vorhandenen vollständigen Uneingeschränktheit und Unbegrenztheit des Nahrungsspielraums resultiren. Die Bevölkerung der Vereinigten Staaten von Nordamerika zählte:

im Jahre	1701	260,000	Köpfe
„	1775	2,800,000	„
„	1790	3,930,000	„
„	1800	5,306,000	„
„	1810	7,240,000	„
„	1820	9,650,000	„
„	1830	12,866,000	„
„	1840	17,069,000	„
„	1850	23,263,000	„
„	1860	31,455,000	„
„	1875	41,000,000	„ (inclusive 5,000000 Farbige, aber exclusive 300000 Indianer).
„	1879	45,500,000	„

(In den letzten 19 Jahren zeigt sich das Wachsthumsverhältniß verlangsamt infolge des vier Jahre lang wüthenden großen und blutigen Bürgerkrieges, der auf beiden Seiten circa einer Million kräftiger Männer das Leben kostete und also einen großen Ausfall in der Familienvermehrung nach sich ziehen mußte.)

In den vergangenen Jahrhunderten sind es hauptsächlich große und lange anhaltende, und dazu oft sich wiederholende Kriege, anderntheils furchtbare und verheerende Epidemien gewesen, welche in der stetigen Volkszunahme der Nationen öftere umfangreiche Unterbrechungen und Rückdämmungen bewirkten und einer Ueberfüllung der Welt mit Menschen thätig entgegenarbeiteten. So z. B. in der neuern Zeit der Dreißigjährige Krieg, welcher Deutschland so gewaltig entvölkerte, und im Mittelalter die entsetzliche, unter dem Namen der „Schwarze Tod" bekannte Pestseuche, welche von 1336—1349 ganz Asien, Europa und Nordafrika so fürchterlich verheerend durchzog! Es klingt heute fast wie eine Fabel, ist aber durch die besten historischen Autoritäten begründet, daß diese schreckliche Epidemie in China allein 13 Millionen, in Süd- und Westasien gegen 11 Millionen, in Europa 25 Millionen (ein Viertheil der gesammten damaligen Bevölkerung!), zusammen also 49 Millionen Menschen dahinraffte!! In Babylon erlagen in drei Monaten 480,000, in Kairo täglich 12—15,000, in Florenz zusammen 100,000, in Venedig ebenfalls 100,000, in Siena 70,000, in Neapel 60,000, in Paris 80,000, in London 100,000, in Wien 40,000 Menschen dieser gräßlichen Krankheit!

Bei dem ungleich vervollkommnetern Standpunkte der heutigen Hygieine einerseits, und dem vorherrschend friedlichen und mercantilisch-industriösen Charakter der angelsächsischen Völker andererseits, sind jedoch ähnliche gewaltige Unterbrechungen in der Vervielfältigung speciell der angelsächsischen Bevölkerungen wohl nur noch wenig in der Zukunft zu befürchten. Es ist daher mit großer Wahrscheinlichkeit anzunehmen, daß in der Hauptsache die Bedingungen dieses außerordentlichen innern Volkszuwachses, welcher die angelsächsischen Staaten vor allen übrigen des Erdballs auszeichnet, noch für die Dauer mehrerer Menschengenerationen dieselben bleiben werden. Und die kolossalen, von der angelsächsischen Rasse theils jetzt schon einge-

nommenen, theils ihr in der Nachbarschaft zur Verfügung
stehenden Territorien werden der Ausbreitung der Bevölkerung
sicher noch für ein volles Jahrhundert einen unbeschränkten
Spielraum belassen, da schon jetzt, ganz abgesehen von den
14,460 deutschen Quadratmeilen des englisch-indischen Reichs
550,000 deutsche Quadratmeilen von den angelsächsischen
Bevölkerungen mit Beschlag belegt sind, also 40mal
so viel als die teutonischen Bevölkerungen zu ihrer Dis=
position haben!! Bei einer auf einfachen Wahrscheinlichkeits=
sätzen beruhenden Calculation können wir nun vorausberechnen,
daß, wenn nicht ganz abnorme Ereignisse, wie große entvölkernde
Weltkriege, Epidemien und Naturcalamitäten dazwischentreten,
die englisch redende Bevölkerung der Erde über 50 und über
100 Jahre zu den folgenden Zahlen angeschwollen sein wird:

	1879	in 50 Jahren	in 100 Jahren.
Die Gesammtzahl resp. Nachkommenschaft der in Großbritannien und im Auslande leben= den Engländer	37½	Millionen 75	150
Die weiße britische Stammbevölkerung der englischen Colonien	8	32	128
Die Bevölkerung der Vereinigten Staa= ten von Nordamerika	45½	182	278
Die gesammten englisch redenden Be= völkerungen des Erd= balls also	91	289	1006

Millionen Menschen!

Eine glänzende Aussicht auf die künftige Weltherrschaft
der englisch-amerikanischen Rasse, auf die ich öfter in englischen
Colonien und in Amerika mit der Phrase hindeuten gehört
habe: The world is rapidly becoming English! (Die ganze
Welt wird reißend schnell zu einer englischen Welt.)

Es ist hierbei nun freilich selbstverständlich, daß der Ueberfluß des Bevölkerungszuwachses im europäischen Großbritannien unmöglich in seinem engen Vaterlande verbleiben könnte, sondern durch Massenauswanderung fortwährend nach den alten oder nach neuen Colonien abströmen und diesen zugute kommen würde, ebenso wie der fortwährende Volkszuwachs der heutigen Vereinigten Staaten sich nicht innerhalb deren heutigen Grenzen beschränkt erhalten, sondern naturgemäß die relativ noch so menschenleeren ungeheuern Territorien von Mexico, Central- und Südamerika, namentlich Brasilien, mit der Zeit überfluten würde. In Nordamerika glaubt ja schon heute jedes Schulkind an eine solche glorreiche Zukunft des Sternenbanners („All America for the Americans!")

Für solche meiner geehrten Zuhörer, die etwa in solchen Riesenzahlen nur eine lustige Rechenspielerei und Träumerei erblicken und dieses lesend vielleicht den Kopf schütteln und denken: „Bange machen gilt nicht!", möchte ich die Bemerkung hier beifügen, daß in Nordamerika schon verschiedene, sehr bekannte und ernsthafte Schriftsteller die mathematisch begründete und dem bisherigen Verhältniß der Volkszunahme entsprechende Prophezeihung ausgesprochen haben, daß die Bevölkerung der Vereinigten Staaten (und respective der aus ihnen zu bevölkernden Neuländer) im Jahre 1900 78, im Jahre 1950 312 Millionen Menschen zählen werde u. s. w. Solche großartige Zukunftsaussichten kitzeln nicht wenig die Eitelkeit amerikanischer Patrioten, und man darf sich daher nicht wundern, wenn dieselben manchmal in ihrer Rhetorik über das gloriöse Zukunftsreich der Yankees den Mund etwas voll nehmen und sich an dem Gedanken ergötzen, daß das amerikanische Volk binnen zwei oder drei Menschengenerationen allen Nationen der alten Welt seine Gesetze vorschreiben werde. (Ein bekannter amerikanischer Schriftsteller sagt über diesen Punkt: „Die am Horizont heraufziehende Wolke, die im Anfange nicht größer erscheint als eine Menschenhand, wird in einer folgenden Generation den ganzen Himmel überdecken und dann das Bild der ganzen civilisirten Welt umwandeln.") Es ist allerdings nicht abzusehen, warum das Verhältniß des amerikanischen Volkszuwachses ein anderes werden sollte, so lange noch hinreichende Territorien für alle die neuhinzukommenden Bevölkerungselemente vorhanden sein werden. Daß eine solche Ansammlung von Menschen in Amerika überhaupt noch Platz finden würde, und keineswegs eine physische Unmöglichkeit bietet darüber hat uns ein namhafter europäischer Gelehrter beruhigt, der sich die Mühe gegeben hat, auszurechnen, daß der gesammte amerikanische Continent bei vollständiger Inculturnahme 3600 Millionen Menschen würde ernähren können! Und heute zählt seine Gesammtbevölkerung nur erst 94 Millionen!

IV.
Deutsche und englische Interessen in Afrika.

Auch England hat sich neuerdings ein gleich großartiges Ziel seiner manifest destiny ausgedacht, dasselbe heißt: „Afrika Englisch vom Tafelberg bis zum Nil." Ein großes, ein herrliches Programm! Aber man muß natürlich Engländer sein, um sich dafür zu begeistern. Wenn freilich Deutschland seiner bisherigen absolut passiven Rolle treu bleiben will, so wird jenes gewaltige englische Programm bestimmt in Erfüllung gehen. Ein neues Weltreich, das noch reicher und werthvoller werden kann als selbst das Indische Reich, winkt in dem neuerschlossenen Centralafrika derjenigen Macht, die den Muth, die Kraft und die Intelligenz hat dasselbe zu erringen. Nachdem England neuerdings seine Hand auf ganz Südafrika gelegt hat, wo nur noch einer Insel gleich der Oranje Freistaat seine unabhängige Existenz bewahren konnte, die aber auch nur noch wenige Jahre währen dürfte, nachdem England ferner in Egypten und Zanzibar sich eine halbe Herrscherstellung angeeignet hat, ist jetzt durch die englische Zeitungspresse der Ruf gegangen, auch die ungeheuern neuentdeckten Territorien des Congostromes

für die brittische Nation und in denselben für die Zukunft ein
endloses neues Absatzgebiet für englische Waaren zu gewinnen.
Nun, es ist dringend nothwendig, daß Deutschland diese uner=
meßliche Beute nicht England allein überlasse. Deutschland darf
eine einseitige Besitznahme der Ufer dieses Stroms durch England
nicht anerkennen, ebenso wie es gegen die Annexion der Trans=
vaal=Republik durch England hätte entschieden Protest einlegen
sollen. Legt England Faktoreien und Missionsstationen im
Congobecken an, so muß Deutschland dasselbe thun. Das Gleiche
gilt von der afrikanischen Ostküste. Deutschland sollte um jeden
Preis einige Punkte auf der Ostküste sowohl als auf der West=
küste gewinnen, zunächst durch Kauf von eingebornen Häupt=
lingen und, wenn irgend möglich, auch von der portugiesischen
Regierung. Denn wenn wir jetzt versäumen dort festen Fuß
zu fassen, so dürfte es nach einigen Jahren wohl zu spät sein,
da dann andere Völker uns zuvorgekommen sein werden. Nur
auf dem Wege der Eroberung würden wir später noch Nieder=
lassungen an beiden Küsten gewinnen können. —

Es müßten zunächst auf den zu besetzenden Punkten deutsche
Faktoreien gegründet und allmälig deren Filialen immer weiter
und weiter landeinwärts vorgeschoben werden. So würde sich
nach und nach ein dünnes Netz von deutschen Ansiedelungen
bilden, die natürlich unter einander und mit der Küste in steter
Verbindung erhalten werden und auch gehörig befestigt sein
müßten. Denken wir uns nun eine solche Reihe von Handels=
niederlassungen, die dabei zugleich als Lehr= und Schulstationen
dienen und gewissermaßen ein Versuchsfeld darstellen würden,
worauf die Samenkerne christlicher Cultur auszustreuen wären.
Nach und nach würde hier eine größere Zahl von intelligenten
Negern anzusammeln sein, die von den Ansiedlern in der Cultur
werthvoller Landesproducte, in europäischen Handwerken und
Fertigkeiten unterrichtet werden müßten. Diese verstreuten und
durch Verschanzungen gehörig gesicherten Niederlassungen würden
die Kerne abgeben, um welche sich mit der Zeit kleine Cultur=
districte von Eingebornen gleichsam herum krystallisiren würden,

indem angegriffene und verfolgte oder sonst culturfreundliche Häuptlinge sich zu ihrem eignen Schutz gern in deren Nähe ansiedeln und nach und nach den kleinen Friedensstaaten eine immer zahlreichere Bevölkerung zuführen würden. Was für eine mächtige Anziehungskraft die Nähe eines friedlichen und gesicherte Zustände bietenden Culturstaats mit einer humanen Regierung auf die Eingeborenen afrikanischer Despotenstaaten ausübt, das haben wir ja in der Colonie Natal gesehen, die Jahrzehnte hindurch durch Massen von freiwilligen Einwanderern aus dem benachbarten Königreiche der Zulus förmlich überschwemmt wurde, so daß die Zahl ihrer schwarzen Bevölkerung in nur 32 Jahren (von 1843—75) von 10,000 Köpfen auf 350,000 Köpfe gestiegen ist.

Eine ähnliche Erscheinung möchte also wohl auch auf den zerstreuten Culturinseln im innern Afrika sich zeigen, immer vorausgesetzt natürlich, daß denselben durch hinreichende Schutzmaßregeln eine respectgebietende Stellung gesichert bliebe. Allmälig würden so die benachbarten kleinen Negerfürsten neue Mittel kennen lernen, um sich erwünschte Bedürfnisse durch ehrenhaften Handel und Bodencultur zu verschaffen und um sich auch ohne Menschenfang und Sklavenverkauf eine reiche Jahreseinnahme zuwenden zu können. Ein solches Cultursystem würde um so mehr Erfolg haben, je rascher durch Beschlagnahme aller wichtigen Punkte am Meeresufer und durch Etablirung von befestigten Faktoreien an denselben die ganze Küste in den Besitz europäischer Culturmächte gerathen würde. Namentlich der Ankauf passender Localitäten an den langen portugiesischen Küstenstrichen, sowohl auf der Ost- als auf der Westküste, dürfte eines der besten Mittel sein, die bisher blos nominelle Küstenherrschaft eines christlichen Culturvolkes endlich in eine effective zu verwandeln.

Auch das Land am Djubaflusse, das seit unserm Claus von der Decken Niemand wieder besucht hat und das durch seinen schiffbaren Strom einen so schönen Zugang in das Binnenland gewährt, wäre außerordentlich für eine größere deutsche

Handelsniederlassung zu empfehlen, worauf neuerdings wieder Gerhard Rohlfs so dringend hingewiesen hat. (Die Schiffbarkeit des Djuba entspricht der Stromstrecke der Oder von Stettin bis Breslau.) Das ganze Land zwischen dem Djuba und dem Sabacki sowie die dahinter sich ausbreitenden weiten Territorien bis zum Nyanza See könnten in höchst lohnender Weise dem deutschen Unternehmungsgeiste geöffnet werden. Nur eine europäische Macht, die, womöglich an verschiedenen Punkten zugleich, an den Küsten festen Fuß faßt und Theile derselben in ihren dauernden Besitz bringt, wird die Aufgabe lösen können, das innere Afrika allmälig der Cultur zu eröffnen und den Sklavenhandel endlich auszurotten. Im Schatten der zerstreuten Freiheitsbäume, die aus den Kernen der kleinen im Binnenlande angelegten Handels- und Missionsniederlassungen nach und nach emporwachsen, wird nach und nach ein junges Afrika mitten in dem alten abgestorbenen Continent entstehen, von dem sich die Segnungen der Cultur und Civilisation in immer weiterem Umkreise ausbreiten werden. Friedliche Arbeit und Boden-Cultur werden dann die immensen Territorien Centralafrikas zu einem blühenden Garten umwandeln, wo heute wie blutige Vampyre nur die Menschenjäger und Sklavenhändler hin- und herziehen, hinter sich nichts als Haß und Mord, Verwüstung und Leichen, Elend und Vertthierung zurücklassend, ein Land des Jammers und endlosen Blutvergießens.

Solche Handelsstationen würden nun freilich nicht von der Regierung anzulegen sein, sondern von Handelscompagnien, Actienvereinen, etwa in Verbindung mit Missionsgesellschaften; die letzteren namentlich hätten sich die Erziehung der Neger zur Arbeit zur Hauptaufgabe zu machen. Daß man aus den Negern recht wohl vorzügliche Arbeiter machen kann, wenn es nur richtig angefangen wird, das haben wir schon an hinreichend zahlreichen Beispielen gesehen. Wo Neger, wie in Ländern der Sklaverei, zum Arbeiten gezwungen sind, da stehen sie kaum den europäischen Arbeitern in ihrer Arbeitsleistung nach. Und wie unermüdlich pickten und hackten die stämmigen

Zulus in unseren Diamantenclaims, da ihnen dort das heiß ersehnte Ziel des Besitzes eines Feuerrohrs als Lohn ihrer Arbeit winkte! Wie eifrig arbeiten die Neger, wenn ihr eigener Häuptling es ihnen anbefiehlt! Und nun gar, welche nie ermüdenden und rastenden Feld- und Hausarbeiterinnen sind die Negerinnen, diese eigenthumslosen versklavten Proletarierinnen, wahre Märtyrerinnen der Arbeit! Und welchen glücklichen kindlichen Humor tragen diese menschlichen Arbeitsbienen noch dabei zur Schau, indem sie, selbst bei der angestrengtesten Arbeit, wenn es irgend geht, fortwährend singen, lachen und scherzen! Auch die französischen Jesuitenmissionäre in Zanzibar versicherten mir, daß fast sämmtliche Negerkinder, die sie zeitig genug unter ihre Obhut bekommen, sich mit Leichtigkeit zu fleißigen und lernbegierigen Arbeitern heranziehen lassen. Eine Ansammlung namentlich von Kindern auf den zerstreuten Handels- und Schulstationen würde also die Gelegenheit geben, eine junge Generation fleißiger Arbeiter heranzuziehen, deren Einfluß auf ihre Stammesgenossen mit der Zeit die außerordentlichsten Folgen haben könnte. Und es ist außerdem nicht zu vergessen, daß die englischen Missionsstationen noch stets den Weg für die ihnen folgenden Handelsniederlassungen geöffnet haben, durch welche wieder später in vielen Fällen die politische Besitznahme angebahnt wurde. Also nicht allein für ethische, sondern auch für commercielle und politische Zwecke ist die Anlage von Missionsstationen in den innerafrikanischen Ländern sehr wichtig.

Auch am Zambesi, glaube ich, würde sich die Anlage deutscher Handelsstationen sehr lohnen. Freilich vor der Hand hätten dieselben unter portugiesischer Oberhoheit zu stehen, so lange es nicht gelingen würde, der portugiesischen Regierung einzelne Localitäten abzukaufen. Wenn gleich die Stadt Quilimane ungesund liegt, wie denn überhaupt die Portugiesen in Südafrika ein ganz besonderes Talent gezeigt haben, zu ihren Niederlassungen immer die klimatisch unpassendsten Localitäten auszuwählen, so ist doch das Delta des Zambesi im Ganzen nach den Erfahrungen englischer Seeofficiere durchaus nicht ungesund, und es würden sich gewiß auf den Uferhöhen Punkte auffinden lassen, die zu Handelsniederlassungen geeignet wären. Die Schiffbarkeit des Zambesi ist weiter aufwärts freilich durch viele Stromschnellen, Wasserfälle, Sandbänke und Untiefen sehr behindert, indessen es ließen sich doch vielleicht später mit nicht zu großem Aufwand größere schiffbare Strecken herstellen. Ueber das reiche und fruchtbare Oberland des Zambesi wird uns der portugiesische Reisende Pinto werthvolle Berichte geben, der so eben von der Westküste zu Land nach Transvaal durchgedrungen ist und also eine Querreise durch Afrika à la Stanley, nur in entgegengesetzter Richtung, glücklich vollendet hat. Das weite fruchtbare Territorium zwischen dem obern Zambesi und dem das Transvaalland begrenzenden Limpopo ist ebenso ein gesundes Hochland wie das Transvaalland. Der größte Theil desselben ist freilich von einem zur Zeit noch sehr unzugänglichem Volke bewohnt, den Matebele, die den stammverwandten Zulus in jeder Hinsicht ähnlich sind, namentlich auch in ihren kriegerischen Neigungen und ihrer Tapferkeit. Indessen es kommt ja Alles darauf an, wie die Europäer es anfangen, um mit einem solchen wilden Volke zu verhandeln, und ich glaube, daß deutsche Ansiedler bei ihrer größeren Bieg- und Schmiegsamkeit leichter den richtigen Weg zum friedlichen Verkehr mit einer derartigen Eingebornenbevölkerung finden würden, als die härteren und steifhalsigeren Engländer.

Könnte es gelingen, nach und nach eine Kette deutscher Handelsstationen bis an den oberen Zambesi vorzuschieben, so würde auch wohl noch ein anderer Vortheil damit erreicht werden können. Es würden vermuthlich allmälig viele Boers aus dem Transvaallande nach Norden auswandern, um sich der verhaßten englischen Herrschaft in Transvaal zu entziehen und sich mit den deutschen Niederlassungen in Verbindung zu setzen. Es ist ja der alte Zug der Boers, immer weiter nach Norden zu wandern, nur um mit der englischen Regierung nichts mehr zu thun zu haben, und keine Kämpfe mit wilden Völkern zu scheuen, um nur wieder unabhängig zu werden und sich selbst wieder eine nationale Regierung geben zu können. Haben sie dann in der Wildniß mit großer Mühe und Blutvergießen sich eine neue Heimath geschaffen, so wiederholt sich immer der alte Vorgang: die Engländer kommen, nehmen ihnen das Land ab und ernten, wo die Boers gesät haben.

V.
Die niederdeutsche Bauernbevölkerung der „Africanders".

Da ich einmal bei den Boers angelangt bin, so möge es mir gestattet sein, einige Worte über diese prächtige afrikanische Hünen-Rasse zu sagen. Die Boers (sprich: Bo-ers, holländisch: Buren) sind, wie für deutsche Leser nicht genug wiederholt werden kann, unsere deutschen Stammesgenossen und Brüder, allerdings sogenannte Niederdeutsche oder Holländer, aber nichts destoweniger von echt deutschem Blute, denn auch unsere holländischen Nachbarn sind ja Deutsche, die nur in Folge einer gesonderten historischen Entwickelung ein besonderes Stammesgefühl sich angeeignet haben, in Folge dessen sie glauben, sich nicht mehr zu Deutschlands Kindern rechnen zu müssen. Die Erscheinung und der Charakter der Boers sind durchaus dieselben wie die unserer stämmigen Westphalen, Friesen, Schleswig-Holsteiner, Mecklenburger und Pommern, nur übertreffen sie dieselben im Durchschnitt noch bedeutend an Körpergröße und Schwere, indem man selten einen Boer sieht, der nicht wenigstens 6 Fuß hoch wäre. Das südafrikanische Clima ist insofern dem nordamerikanischen in seinen Wirkungen gerade entgegengesetzt, als es entschieden die Entwickelung von Stärke und Massigkeit des menschlichen Körpers begünstigt. Unter den Frauen der Boers habe ich zahlreiche Gestalten gesehen, die man die Elephanten unter den Menschen nennen könnte. Ich kenne keine Rasse auf Erden, die geeigneter wäre, das prächtigste Material zu Gardegrenadieren und Küraßieren zu liefern. Die Boers sind durchweg einfache, ehrliche, phlegmatische Leute. Seelenruhe und solide Ausdauer sind ihnen auf die Stirn geschrieben. In ihrer Lebensweise und ihren schlichten patriarchalischen Sitten sind sie vollständig ihren Vorvätern gleich geblieben, so daß man bei einem Besuche ihrer einfachen Farmhäuschen das Gefühl hat, als sei man um ein paar Jahrhunderte in der Zeit zurückversetzt. Auf dem großen runden Tisch im Hauptwohnzimmer liegt unabänderlich die dicke alte Familienbibel, woraus jeden Abend nach geschlossenem Tagwerke vom Hausvater einige Capitel der Familie vorgelesen werden. Diese Bibel und ein holländisches Gesangbuch bilden in der Regel die einzige Lectüre des Hauses, nur in seltenen Fällen verirren sich Zeitungen in diese einsamen Farmhäuschen. Jeden Morgen wird das Tagewerk mit dem ernsten und langsamen Gesange einer Hymne begonnen und vor wie nach Tische stets ein Gebet gesprochen. Die Taufnamen dieser biederen Leute sind fast sämmtlich der biblischen Geschichte entnommen: Petrus, Jacobus, Jeremias ꝛc. Die Männer sind im Durchschnitt hübsche und imposante Leute und erinnern mit ihren energischen, markirten und ausdrucksvollen Köpfen an die Portraits eines Rubens, Teniers, Ostade und van Eyk. Sie sind sämmtlich vorzügliche Schützen und in allen Arten von Handwerken und Künsten wohl erfahren, da ja Jeder auf seiner einsamen Farm selbst sein eigner Zimmermann, Wagenbauer, Grobschmied, Sattler, Schneider, Schuster, Architekt und Arzt sein muß. Die Boerfamilien sind fast regelmäßig durch einen außerordentlichen Kinderreichthum ausgezeichnet, selten beträgt die Zahl derselben in einer Familie weniger als 10—12, öfter sind es aber deren auch 16—20. Ich hörte sagar von einem alten Boer in Graaf Reynet, der nicht weniger als 292 Kinder, Enkel und Urenkel hat.

Die Boers im Allgemeinen sehen es nicht gern, wenn sich Engländer in ihrer Nähe ansiedeln, und wo sich in einer Gegend allmälig eine größere Anzahl von solchen festgesetzt hat, pflegen die Boers ihre dort gelegenen Farmen gern zu verkaufen, um in eine andere Gegend zu ziehen, wo sie wieder mehr unter sich sind. Die gesellschaftliche Scheidung zwischen der niederdeutschen und englischen Rasse fängt schon in Capstadt an und geht von da sehr sichtbar durch die ganze Capcolonie hindurch, sich im Oranje Freistaat, in Natal und Transvaal sehr lebhaft fortsetzend. Das englische Element ist hauptsächlich in den Städten und Dörfern vorhanden, sein Einfluß hört aber vollständig auf sowie man auf das platte Land kommt. Hier sind das niederdeutsche Element und die niederdeutsche Sprache durchaus vorherrschend, und überhaupt ist die letztere als allgemeine Landessprache viel weiter über ganz Südafrika, namentlich auch unter den Eingebornen, verbreitet als die englische. Die höheren Erziehungsanstalten in den größeren Städten sind freilich fast sämmtlich englisch und dies trägt hauptsächlich dazu bei, daß die englische Sprache immer mehr zur Hauptsprache der Gebildeten in den Städten wird. Ganz auf dieselbe Art hat ja früher die französische Sprache in Elsaß die deutsche Landessprache nach und nach aus den höheren Gesellschaftskreisen verdrängt und zur plebejischen Sprache der niedern Stände degradirt. Die Boers, die in der Capcolonie, im Oranje Freistaate, in Natal und in Transvaal wohnen, bilden gleichsam Eine große Familie, trotzdem daß sie innerhalb von vier getrennten politischen Staatskörpern domicilirt sind. Dies kommt daher, weil die jüngeren Söhne und Töchter der kinderreichen Familien schon seit Jahrzehnten aus der älteren Colonie auszuwandern und die neuangelegten Colonien zu bevölkern pflegten. Die weit verzweigten Familienverbindungen der Boers gehen daher durch das ganze weite Südafrika, und man darf von einer Nation der sogenannten Africander's oder niederdeutschen Afrikaner sprechen, die innerlich eine einheitliche Volksmasse bildet vom Tafelberg bis zum Limpopo. Es ist dieser Punkt bei einem etwaigen zukünftigen Aufstand der Boers zum Zwecke der Bildung einer holländisch-afrikanischen Conföderation von Wichtigkeit.

Der einzige südafrikanische Staat, in dem die Regierung bis heute noch eine nationale geblieben, ist der Oranje Freistaat. Er ist unbedingt das bestregierte Gemeinwesen Südafrikas, ein wahrer Modellstaat für alle Nachbarländer. Er hat ebendeshalb, namentlich durch die beispiellose Billigkeit seines gesammten Verwaltungsapparats und die strenge Ehrenhaftigkeit seiner republikanischen Leiter schon seit 2 Jahrzehnten eine so gewaltige Anziehungskraft auf die niederländische Bevölkerung der angrenzenden Capcolonie ausgeübt, daß Tausende von Familienvätern ihre dortigen Farmen im Stiche ließen und nach dem Freistaat emigrirten, um für die ihnen unsympathische übermäßig büreaukratisch complicirte und theuere, negerverziehende und negerverhätschelnde englische Administration eine einfache und billige, heimische nationale Regierung und gute vernünftige Gesetze zum Schutz gegen die barbarischen schwarzen Eingebornen einzutauschen. In Folge dessen ist der Preis von Grund und Boden im Oranje Freistaat bereits höher gestiegen als in der englischen Capcolonie! Ein charakteristisches Zeichen für die Zufriedenheit des Volkes des Oranje Freistaats mit seiner Regierung ist der Umstand, daß der Staatspräsident Brand, der eigentlich nur eine 5jährige Amtsperiode hat, nun schon zum 3. Male wiedergewählt worden ist. Nach einem solchen Beispiele soll man in einer der spanischen Republiken von Süd- und Mittelamerika suchen!

Die Abneigung der Boers gegen die englische Regierung datirt hauptsächlich seit der Sklavenemancipation, welche von der letzteren so unvorbereitet und rücksichtslos proclamirt wurde und mit Einem Male die blühende Colonie ihres ersten Bedürfnisses: billiger und stets disponibler Arbeitskräfte beraubte. Die Emancipation hat die früher obligatorisch zur Arbeit genöthigten, an Fleiß und Gehorsam gewöhnten Farbigen zu einem großen Theile zu indolenten, selbstgenügsamen und aufgeblasenen, ungehorsamen und dem Trunke ergebenen Faulenzern gemacht. Gegen die in Folge der Emancipation das Land zahlreich durchstreifenden schwarzen Vagabunden und Viehdiebe wurde den Colonisten jede Selbsthülfe verboten, ohne daß die Regierung ihrerseits das Mindeste that, um nun selbst dieselben gegen jene Strolche zu schützen. Tausende von niederdeutschen Bauern verließen in Folge dessen vom Jahre 1836 an ihre früher so blühenden Farmen und suchten mit ihren Viehheerden jenseit des Oranje-Stromes und in der heutigen Provinz Natal neue Wohnplätze, indem sie die harte Arbeit in der gefahrvollen Wildniß dem fortgesetzten Unterthanenverhältniß gegen eine so unverständig handelnde und ihre Interessen so mit Füßen tretende Regierung vorzogen. Sie schufen für sich und ihre Familien mitten unter wilden Thieren und bösartigen Eingebornen eine neue Heimath, die sie durch harte Arbeit cultivirten und fortwährend mit Pulver und Blei gegen die wilden Eingebornen zu vertheidigen hatten. Wo bisher nur das Brüllen wilder Thiere und das Kriegsgeheul blutdürstiger Kaffern ertönt hatte, entstanden durch den Fleiß, die hartnäckige und ausdauernde Arbeit und Energie der deutschen Bauern nach einander drei blühende Freistaaten: der Oranje-Freistaat, die Republik Natal und die Transvaal-Republik. Jedoch die Republik Natal wurde den Boers von den Engländern im Jahre 1842 abgenommen, der Oranje-Freistaat ebenfalls im Jahre 1845. Der letztere blieb 9 Jahre lang englische Provinz und wurde dann der zu großen Geldkosten der Behauptung des Gebietes wegen wieder sich selbst überlassen. Als der Oranje-Freistaat seinen zweiten blutigen Krieg gegen die Basutos glücklich beendigt hatte und nun die wohlverdienten Früchte seines Feldzuges durch Annexion Basutolands einheimsen wollte, da nahm auf einmal die englische Regierung für die geschlagenen Basutos Partei und annectirte nun selbst Basutoland. Es ist dieses eines der herrlichsten Länder der Welt, und seiner hochromantischen Alpenscenerie zufolge dürfte man es die Schweiz Südafrikas nennen; dabei ist es sehr reich an mineralischen Schätzen. Im Jahre 1871 entriß die englische Regierung den Boers des Oranje Freistaats mitten im tiefsten Frieden die werthvollen Diamantenfelder, die allein in den $3^1/_2$ Jahren von Juli 1871 bis Januar 1875 einen Ertrag von 140 Millionen Mark, also jährlich 40 Millionen Mark in Diamanten geliefert haben. Und die Krone setzte die englische Regierung ihren

Ungerechtigkeiten gegen die Boers im Jahre 1876 durch die rücksichtslose Annexion der Transvaal-Republik auf. Diese Republik war ein von allen Großmächten der Welt in optima forma anerkannter Freistaat! Die plötzliche Vernichtung desselben gegen den Willen des Volks von Transvaal ist eine Gewaltthat, die an die vielgerügten Theilungen Polens erinnert. Abgeordnete des Volkes von Transvaal haben in Europa bei den Großmächten gegen diesen unerhörten Gewaltakt protestirt, aber vergebens. Keine Macht hatte Lust sich diesen niederdeutschen Bauern zuliebe mit der Regierung des meerbeherrschenden England in einen unliebsamen Depeschenwechsel einzulassen. Das Volk von Transvaal fährt auch heute noch fort gegen die Annexion zu protestiren und noch erst in den letzten Tagen ist uns der Wortlaut des Bundeseids zugekommen, den eine Versammlung der angesehensten Boers von Transvaal in Wonderfontein einstimmig beschworen hat. Derselbe lautet folgendermaßen: „In der Gegenwart des allmächtigen Gottes, des Ergründers der Herzen, dessen gnädigen Beistand wir erflehen, haben wir Bürger der südafrikanischen Republik feierlich beschlossen, für uns und unsere Kinder zu einem heiligen Bunde uns zu einen, den wir mit einem feierlichen Eide bekräftigen. Es ist jetzt 40 Jahre her, daß unsere Väter die Cap-Colonie verließen, um ein freies unabhängiges Volk zu werden. Wir haben Natal gegründet, den Oranje-Freistaat und die südafrikanische Republik, und dreimal hat die englische Regierung unsere Freiheit unter die Füße getreten. Unsere Flagge, getauft mit dem Blute und den Thränen unsrer Väter, ist niedergetreten worden. Diese 40 Jahre waren 40 Jahre der Sorge und des Leidens. Wie durch einen Dieb in der Nacht ist unsere freie Republik uns gestohlen worden. Wir können und wollen dies nicht dulden. Es ist der Wille Gottes, daß die Einigkeit unserer Väter und die Liebe zu unseren Kindern uns verpflichte, unseren Kindern unbefleckt das Erbe unserer Väter zu überliefern. Aus diesem Grunde vereinigen wir uns hier und geben einander die Hände als Männer und

Brüder, feierlich versprechend, unserem Lande und Volk treu zu bleiben und, auf Gott blickend, bis in den Tod zusammenzuwirken für die Wiederherstellung unserer Republik. So wahr uns der allmächtige Gott helfe."

Erinnert dieser Schwur nicht an den nächtlichen Bundeseid der Eidgenossen auf dem Rütli im Jahre 1307? Was uns besonders interessiren muß, ist der Umstand, daß diese Boers von Transvaal die lebhafteste Sehnsucht hatten und noch haben, daß das deutsche Reich, das sie mit sehr richtigem Gefühl als ihr Stamm- und Mutterland betrachten, sie unter seinen Schutz nehmen möchte! Als im Jahre 1873 die, leider falsche, Nachricht Südafrika durchlief, daß die preußische Regierung von der portugiesischen die Delagoa-Bay gekauft hätte, da wurde dieselbe in den holländischen Freistaaten mit dem größten Jubel aufgenommen. Es ist wirklich auffallend, wie entschieden hier in Südafrika der isolirte niederdeutsche Volksstamm für Deutschland, das Stammland seiner Vorväter, sympathiesirt, während doch die in Europa an unserer Seite wohnenden Holländer in ihrer Furcht vor einer etwaigen künftigen Annectirung zu einem großen Theile mit ganz entgegengesetzten Gefühlen auf dasselbe blicken. Für den Preis eines festen und sichern Schutzes gegen die Annexionslust der ihnen verhaßten englischen Regierung würden die Bauern der beiden Freistaaten sich sehr gern der deutschen Regierung untergeordnet haben in der Form zweier Schutzstaaten mit eigener und möglichst freier Selbstverwaltung. Leider blieben die Schritte der Boers in dieser Richtung erfolglos und keine weiteren Aufklärungen sind über die muthmaßlich in Berlin angeknüpften Unterhandlungen ins Publikum gedrungen als das wieder im Mai 1875 die Londoner Zeitungen durchlaufende, angeblich vom englischen Gesandten in Berlin an die Regierung in Downing Street gerichtete Telegramm: Transvaal Government conferring with Berlin Government for protective alliance."

VI.

Transvaal, der Garten von Südafrika.

Nehmen wir nun einmal flüchtig die Folgen in Augenschein, die eine eventuelle Acquisition der Delagoa-Bay nothwendig nach sich gezogen haben würde. Diese Bay bildet einen der herrlichsten und umfangreichsten Häfen der Welt und ist zugleich der einzige maritime Zugang zu dem dahinter liegenden weiten und fruchtbaren Binnenlande. Schon 6 deutsche Meilen von der Bay beginnt das in Terrassen ansteigende Hochland von Transvaal, das für europäische Constitutionen so gesund und zuträglich ist, wie uns die gesundheitsstrotzenden Riesengestalten der Boers beweisen. In unmittelbarer Nähe liegende große Eisen- und Steinkohlenlager würden den Bau einer Eisenbahn von der Küste nach dem Hochlande von Transvaal außerordentlich erleichtern, wonach das letztere vom Meere aus in 5 Stunden zu erreichen sein würde. Das Transvaalland ist der Garten und das Paradies von Südafrika und voll von den herrlichsten Naturschätzen. Die Fruchtbarkeit des Bodens ist eine ganz erstaunliche, die Bewässerung im Durchschnitt eine reichliche. Wenn Herr Dr. Fabri meint, daß das Transvaalland wegen Wassermangel nur einer beschränkten Zahl von etwa 1—200,000 europäischen Einwanderern Platz bieten würde, so folgt er einer ganz irrigen Vorstellung. Denn wir haben auf den Diamantenfeldern von Griqualand gesehen, daß man selbst in der vertrocknetsten südafrikanischen Einöde reichliche Wasservorräthe gewinnen kann, wenn man sich nur die Mühe giebt Brunnen zu graben. Die Regenfälle sind über ganz Südafrika zur Sommerszeit so ungeheuer massenhaft, daß dadurch unterirdisch sich unerschöpfliche Wasservorräthe ansammeln. Als ich 1871 nach den Diamantenfeldern kam, hatten wir Diamantengräber sämmtlich eine große Angst, daß wir während der trockenen Wintersaison verdursten würden, da es nicht möglich sein würde, den alltäglichen Wasserbedarf für 40,000 Menschen und außerdem noch für so vieles Vieh in dieser quellen- und flußlosen Gegend herbeizuschaffen. Nach und nach wurden 40 Brunnen gegraben, einige derselben gaben schon bei 30 und 40 Fuß Tiefe ein gutes Trinkwasser, seitdem hatten wir das nothwendige Lebenselement in Hülle und Fülle. Wäre eine hinreichende ackerbauende Bevölkerung im Lande, so könnte das Transvaalland allein ganz Südafrika mit Getreide versorgen und noch einen guten Theil seiner Ernten nach Europa exportiren. Der mittlere, östliche und südliche Theil des Landes sind vorzüglich geeignet zum Weizenbau; der Weizen im Distrikt von Pretoria trägt 40—50fältig und der Leydenburger Weizen gewann durch seine Schwere und weiße Farbe eine Preismedaille auf der Pariser Weltausstellung. Im mittleren und nördlichen Theile des Landes geben Café, Thee, Baumwolle und Tabak reiche Ernten. An Früchten ist das ganze Jahr hindurch Ueberfluß. Aepfel, Birnen, Pflaumen, Pfirsichen, Aprikosen, Feigen, Mandeln und Weintrauben schmücken die Tafel des Farmers in der einen Saison — Orangen, Mandarinen, Ananas, Bananen, Datteln und Guayaben in der anderen. Auch europäische Gemüse gedeihen hier vorzüglich. Gutes fruchtbares Land ist jetzt noch massenhaft zu 25 Pfennige bis 2 Mark pro engl. Acker = $1^{6}/_{10}$ pr. Morgen zu haben. Das Klima des Transvaal-Landes ist eins der gesündesten der Welt, in Folge des Umstandes, daß das ganze Land ein Hochplateau ist und 4—7000 Fuß über dem Meere liegt. Nur in einzelnen Lagen im nördlichsten Theile des Landes, in tiefen Landstrichen an den Ufern der Flüsse kommen Fiebergegenden vor, in solchen ausnahmsweisen Lagen ist ja dasselbe aber auch in Deutschland und Italien der Fall. Die Mineralschätze des Landes sind ganz unermeßlich und dürfte in dieser Beziehung kaum ein anderes Land der Welt Transvaal und dem nördlich daran angrenzenden weiten Territorium gleich kommen. Kupfer, Zinn, Silber, Quecksilber, Kobalt, namentlich aber Eisen und Blei sind in ungeheueren Massen vorhanden. Als Bleiland dürfte Transvaal eins der ersten Länder der Welt werden. Eisenerze liegen

an vielen Orten offen zu Tage, mitunter als reiner Magnet=
eisenstein. Die bis jetzt untersuchten Lager von vorzüglichen
Steinkohlen nehmen allein einen Umfang von circa 10 deutschen
Quadratmeilen ein und verheißen Transvaal eine große Zukunft
als Industrie= und Fabrikland, sowie sie auch später, nach An=
lage einer Eisenbahn, die Delagoa=Bay einmal zu einer der
wichtigsten Kohlenstationen für die Kriegs= und Handelsmarine
auf der südlichen Halbkugel machen werden. Der östliche Rand
der Kohlenfelder fängt schon 17 deutsche Meilen westlich von
der Delagoa=Bay an und würde also mit einer Eisenbahn in
ein paar Stunden erreicht sein. Aber der allerverführerischste
Reichthum des Transvaallandes besteht in dessen unermeßlichen
Goldlagern. Diese kommen entweder in Quarzfelsen einge=
sprengt oder in Alluvialablagerungen vor. Ein breiter Gürtel
von mit Goldquarzgängen durchzogenen Felsen zieht in süd=
westlicher Richtung durch die Distrikte Waterberg, Zoutpansberg,
Mariko und Rustenburg, und der Goldreichthum der Leyden=
burger Berge und Flußrinnen ist ja schon Tausenden von
Goldgräbern offenbar geworden. Die bis jetzt als goldhaltig
erkannte Landstrecke im Leydenburger Distrikte entspricht einer
Längenausdehnung, wie von Berlin nach Wittenberg und würde
von der Delagoa=Bay aus bei theilweiser Benutzung der künftigen
Eisenbahn nach Pretoria in $2^1/_2$ Tagen zu erreichen sein.
Nimmt man zu diesem Goldreichthum innerhalb der heutigen
Grenzen des Transvaal=Landes noch den Umstand, daß in den
im Norden an dasselbe angrenzenden Ländern diese goldhaltigen
Gebirge sich bis zum Zambesistrome fortsetzen und daß dort von
älteren und neueren Reisenden in den Landstrichen von Tatin,
Makalaka, Mashona, Marico und im Lupata=Gebirge wunderbar
reiche Golderze gefunden worden sind, daß ferner die auf alten
Karten mit Monomotapa bezeichnete Gegend, deren fabelhafter
Goldreichthum schon in der ältesten Zeit weit berühmt war, sich
auch innerhalb dieser angrenzenden Territorien befindet, so er=
giebt sich, daß in Transvaal und dessen nördlichen Nachbar=

ländern in der That eines der reichsten Goldländer der Erde vorliegt.

Ein solches Land voll so unerschöpflicher Naturschätze, was würde es werden, wenn es sich mit der Zeit mit deutschen Einwanderern füllen würde? Welches Volk versteht das Kolonisiren durch Ackerbau besser als das deutsche? Pensylvanien und der Westen und Nordwesten der Vereinigten Staaten, die deutschen Niederlassungen in Südbrasilien und Britisch Kaffrarien und die Ackerbaucolonien im südlichen Rußland geben dafür glänzende Belege. Eine constante deutsche Massen-Einwanderung würde allmälig ein entschiedenes nummerisches Uebergewicht der deutschen über die holländische Bevölkerung herstellen und die Germanisation des Landes sich nach und nach auf friedlichem Wege ganz von selbst vollziehen.

Außer allen seinen eigenen ober- und unterirdischen Schätzen bietet aber Transvaal derjenigen europäischen Macht, die es besitzt, noch den großen Vortheil, daß es einen bequemen Zugang zu den unermeßlichen reichen Ländereien des inneren Afrika öffnet, die zwischen dem Limpopo, den centralafrikanischen Seen und dem Congostrome ausgebreitet liegen. Könnte es einer europäischen Macht gelingen, diese Länder allmälig sämmtlich unter ihre Herrschaft oder wenigstens ihren politischen Einfluß zu bringen, so wäre damit ein Reich gewonnen, das sowohl in seinem Umfange als seinem Producten-Reichthum dem britisch-ostindischen Kaiserreiche nicht nachstehen würde. Dieser unbeschränkte freie Spielraum für Annexionen im Norden, dieser offene Zugang zum Herzen von Afrika, war es hauptsächlich, der mich vor vier Jahren so für die Idee begeisterte, daß das deutsche Reich suchen sollte durch die Erwerbung der Delagoa-Bay und nachheriges stetiges Einströmenlassen einer deutschen Massen-Einwanderung nach Transvaal sich die spätere Herrschaft über dieses Land zu sichern und so die Gründung eines deutsch-afrikanischen Zukunftsreiches anzubahnen.

Ich gab dieser meiner Idee in einer Denkschrift Ausdruck, die ich im März 1875 von Süd-Afrika aus an Seine Majestät dem Kaiser und Seine Durchlaucht Fürst Bismarck übersendete. Ich war der Ansicht, daß in soweit vom Vaterlande abgelegenen Ländern, wo nicht einmal ein deutscher Consul sich befindet, der die vaterländischen Interessen wahrnehmen könnte, es das Recht und die Pflicht eines jeden Deutschen sei, der an Ort und Stelle eine klare Einsicht in die Gesammtverhältnisse erlangt hat und solche für einen Machtzuwachs seines Vaterlandes momentan ausnahmsweise günstig findet, daß es, sage ich, dessen Recht und Pflicht sei, sich in einem solchen Ausnahmefalle direct an die höchste Reichsregierung zu wenden und ihr gewisse patriotische Wünsche und Vorschläge zur Prüfung vorzulegen und zu befürworten. Meine Denkschrift hatte leider nur den Erfolg, daß Se. Durchlaucht Fürst Bismarck mir für meine patriotischen Gesinnungen seine Anerkennung aussprach, jedoch seitens der Reichs-Regierung ein diesem Projekte Nähertreten nicht in Aussicht stellte. Mittlerweile ist nun, wie ich vorausgesagt hatte, die Transvaal-Republik durch gewaltsame Annexion an das britische Reich aus der Reihe der unabhängigen Staaten gestrichen worden, trotz des sofort erhobenen und noch heute fortdauernden Protestes von $9/10$ des Volkes von Transvaal. Es ließe sich nun wohl die Frage discutiren, ob es nicht rathsam sein möchte, daß das deutsche Reich der Annexion der Transvaal-Republik in aller Form seine Anerkennung versagte, vorausgesetzt, daß dieselbe nicht schon erfolgt ist. Denn für den Fall, daß jetzt oder später ein Massenaufstand der niederdeutschen Transvaal-Bevölkerung erfolgen und daß derselbe eine genügende Zeit lang sich mit Erfolg behaupten sollte, würde dann vielleicht eine eventuelle Unterhandlung der deutschen Regierung mit den Führern der Boers zu einer für die deutschen Interessen günstigen Vermittelung mit der englischen Regierung führen können. Hat aber das deutsche Reich die Annexion einmal formell anerkannt, so kann natürlich von einer Unterhandlung seinerseits mit einer aufständischen Volksregierung dann nicht mehr die Rede sein.

Nach den letzten Nachrichten haben die Transvaal-Boers

an die Gesammtheit ihrer Landsleute in Südafrika einen Aufruf erlassen, worin sie deren Unterstützung gegen die Engländer nachsuchen und die Annexion Transvaals für einen öffentlichen Scandal erklären. Dieser Hülferuf bezeichnet am besten die augenblickliche sehr gespannte Lage der dortigen Verhältnisse. Wie wird sich dieselbe in den nächsten Monaten gestalten? England hat in diesem Momente (Juni 1879) mehr Truppen in Südafrika als es auf dem Schlachtfelde von Waterloo hatte. Wenn, diese Truppen endlich mit den Zulus fertig sein werden, dürften sie dann vielleicht gegen unsere südafrikanischen Landsleute verwendet werden. Und dennoch, im Angesichte einer so großartigen Militärmacht, hören diese niederländischen Recken, in denen das Blut der Egmont und Hoorn fließt, nicht auf, dem Vertreter der englischen Regierung gegenüber die mannhafteste und furchtloseste Sprache zu führen. Auskunft hierüber giebt die folgende Depesche des Generalgouverneurs Sir Bartle Frere, datirt Pretoria 17. April 1879 und gerichtet an den britischen Colonialminister:

Hiermit beehre ich mich, Ihnen einen stenographischen Bericht über die Zusammenkunft einzusenden, die zwischen mir und Oberst Lanyon mit dem Ausschuß von Transvaal bei der ungefähr 6 Meilen von dieser Stadt gelegenen Erasmus-Farm stattgefunden hat. Unter Einem übermittle ich die Denkschrift, die mir seitdem von besagtem Ausschusse zur Beförderung an Ihrer Majestät Regierung eingehändigt wurde und auf deren Ueberreichung er unverkennbar hohes Gewicht legt. Ich versprach den Abgeordneten, die von ihrer Seite mir dargelegten Beweisgründe, soweit ich sie verstünde, Ihrer Majestät Regierung in ihren eigenen Worten darzulegen. Sie werden zweifelsohne von Ihnen ernstlich in Erwägung gezogen werden. Von Seiten der Abgeordneten wurde behauptet, daß sie ihrer Unabhängigkeit rechtswidrig beraubt wurden in Folge der Einverleibungsacte, die ihrer Darstellung nach auf ungenaue Berichte über die Lage von Transvaal und über die Schwäche von dessen Regierung gegründet war. Ihr Wunsch geht dahin, daß ihnen ihre Unabhängigkeit voll und rückhaltslos wiedererstattet werde; sonstige Zugeständnisse irgend welcher Art verlangen sie nicht, sie wollen Unabhängigkeit und wollen sich mit Geringerem nicht zufrieden geben. Unter Unabhängigkeit verstehen sie die vollständige Freiheit von jedweder Einmischung in die Wahl ihrer eigenen Regierungsform und Verwaltungsmaschinerie, die ihnen durch die Uebereinkunft am Sandflusse im Jahre 1852 verbürgt worden. Indem sie diese Forderung stellen, erklären sie, damit die Wünsche einer sehr großen Boersbevölkerung im Transvaal zu vertreten. Ihrer Darstellung zufolge wird die überwiegende Mehrheit jener Bevölkerung durch die eben versammelten Boers vertreten. Zum Beweise dafür gaben sie mir die feste Versicherung, daß außer denen, die ich bei meinem Besuche des Lagers sah und die sicherlich eine starke Partei darstellten, ihrer noch viel mehr — volle 5000 Burghers vom Lande — wenn ihnen dazu Zeit gegönnt worden wäre, sich eingefunden hätten, die angeblich alle mit den vom Ausschusse dargelegten Wünschen und Ansichten übereinstimmen, und daß eine solche Zahl ganz gewiß die entschiedene Mehrheit der Landes-Burghers, wie sie zuletzt amtlich veranschlagt worden, ausmache. In wie weit dies richtig sei, vermag ich begreiflicher Weise persönlich nicht zu beurtheilen, aber wohl darf ich als das Ergebniß meiner eigenen, im Lager und anderwärts gemachten Bemerkungen sagen, daß diese Bewegung ganz unzweifelhaft durch eine sehr starke Partei bis jetzt im Gange erhalten wurde; und wohl kann ich als Beweis ihres Ernstes die Thatsache bestätigen, daß sie vier Wochen lang meine Ankunft im offenen Lager erwarteten. Aus der Haltung und Stimmung der Ausschußmitglieder, denen ich begegnete — hochgestellte und geachtete Männer, Führer, die seit der frühesten Gründung des Freistaates hervorragenden Antheil an der Regierung des Landes nahmen —, darf ich meines Erachtens den Schluß ziehen, daß ihre Vorstellungen Ihre ernsteste Erwägung verdienen. Sie versichern, daß sie sich aus freien

Stücken versammelt haben und daß die Darlegung ihres Ausschusses die Meinung nicht einzelner Abgeordneter oder Vertreter, sondern der überwiegenden Mehrheit der Bevölkerung ist. Demgemäß bitten sie J. M. Regierung, daß sie, in Erwägung der ihr unterbreiteten Thatsachen, ihnen ihre Unabhängigkeit zurückerstatte. Ich habe mich bemüht, in obigen Sätzen ihre mir sehr ausführlich mitgetheilten Angaben und Anschauungen so genau wie möglich zusammenzufassen und ersuchte die Ausschußmitglieder, dieses Schreiben zu lesen, um mir zu sagen, ob ich ihre Darlegungen richtig wiedergegeben habe. Heute erhielt ich von ihnen die Versicherung, daß sie mit der Zusammenfassung ihrer Beweisgründe zufrieden seien. Ich habe die Ehre u. s. w.

Daß die Engländer selbst eine europäische Masseneinwanderung in die Territorien von Transvaal und dessen Nachbarländer nicht nur für thunlich, sondern auch für höchst nützlich halten, ist aus den folgenden beiden Artikeln zu ersehen, die am 10. Juni 1873 und am 28. November 1874 in einer der weitverbreitesten südafrikanischen Zeitungen, den gouvernementalen „Diamond News", erschienen. Der erste lautet: „Wir haben schon bei verschiedenen Gelegenheiten die Aufmerksamkeit unserer Leser darauf hingewiesen, wie sehr wünschenswerth die Acquisition der Delagoa=Bay und der sämmtlichen portugiesischen Territorien in Südafrika und ihre Annexion an das britische Reich sei. O könnten wir doch die Augen der Reichsregierung öffnen und ihr im hellsten Sonnenlichte die Thatsache zeigen, daß sie nur die Hand auszustrecken braucht, um den Schlüssel zu einem halben Continente einzustecken! Ja, und zu einem Continente, der sich nach den letzten tagtäglich einander drängenden Entdeckungen als ganz beispiellos reich an mineralischen Schätzen erweist. Die ungeheueren Binnenländereien, deren natürliche Seemündung der Delagoa=Bay bildet, sind in einer außerordentlichen Ausdehnung productiv. Milliarden von Aeckern in diesen Territorien sind für den Pflug geeignetes Land, andere Milliarden sind die prächtigsten Viehzuchtländereien der

Welt. Sie haben einen Ueberfluß von mineralischen Schätzen und könnten eine Bevölkerung fünfzig Mal so groß als die von Großbritannien ernähren. Portugal, einst die Herrin der Meere, ist in eine unheilbare Altersschwäche versunken und obgleich es Colonien von einer ungeheueren Entwickelungsfähigkeit besitzt, zieht es aus denselben doch keine weiteren Einkünfte als gerade genügend sind, um die spärlichen und armseligen Gehälter einiger Beamten mit hochklingenden Titeln zu bezahlen. Unter solchen Umständen sind seine afrikanischen Besitzungen für Portugal geradezu werthlos und England brauchte nur einfach sein Verlangen nach denselben auszusprechen, um sofort der Besitzer von Territorien zu werden, die in seiner Hand Ophir und Golkonda verdunkeln würden."

Der zweite Artikel lautet: „Die Ausdehnung unserer Colonialterritorien ist so unendlich groß und die Reichthümer, welche dort nur auf die hebende Kraft menschlicher Industrie warten, sind so unermeßlich, daß unsere Colonien bei einer richtigen Organisation und Vorbereitung jetzt alljährlich wenigstens eine Viertelmillion Einwanderer empfangen könnten. Die Anzahl derer, für welche dort Arbeit zu finden ist, würde stetig in geometrischer Progression zunehmen. Auswanderer würden bald ihre Familien nachkommen lassen u. s. w. Es muß eine große Staatsemigration von England organisirt werden, und wenn Afrika englisch werden soll in Herz und Seele, so muß ein guter Theil der Viertelmillion Auswanderer alljährlich hierher gesendet werden! Der erste Schritt zur Anglisirung der Territorien im Norden des Oranjestromes muß mit einer Staatsemigration in die Länder der Batlapins, Barolongs, Basutos und Nordbetschuanen beginnen. Bevölkert zunächst diese reichen Länder gründlich mit englischen Arbeitern, und Afrika wird dann politisch geeinigt und englischer Nationalsinn darin vorherrschend werden."

So spricht eine englische Zeitung, die in Südafrika selbst erscheint, und sie hat Recht so zu sprechen. Es ist in diesen gesunden und fruchtbaren Ländern Südafrikas, die England für sich wünscht, noch Raum für ungezählte Millionen von europäischen Einwanderern. Zugleich ist die gesichertste Aussicht vorhanden, daß diejenige europäische Macht, welche diese Territorien unter ihre Herrschaft bringt, eins der werthvollsten und größten Colonialreiche des Erdballs begründen wird und eben deshalb ist es wahrhaft beklagenswerth, daß Deutschland die Annexion der Transvaal-Republik an England ruhig und ohne Protest hat geschehen lassen, da dieses von einem deutschen Volksstamme in Besitz und Cultur genommene herrliche Land doch unbedingt für Deutschland hätte gewonnen werden sollen und auch so leicht sich hätte gewinnen lassen, und da hiermit der Anfang gemacht und der Grund gelegt worden wäre zu einem mächtigen und zukunftsreichen Neu-Deutschland auf der südlichen Halbkugel.

Gewisse Thatsachen geben Grund zu der Befürchtung, daß in der letzten Zeit bereits eine geheime Einigung über die Begrenzung ihrer Machtsphären zwischen der britischen und der portugiesischen Regierung stattgefunden haben möchte. Dieselbe dürfte vielleicht darin bestehen, daß England der portugiesischen Regierung auf einem großen Theile der Westküste, die letztere aber der britischen Reichs-Regierung auf der ganzen Ostküste vollständig freie Hand ließe. Eine solche Einigung würde freilich für die deutschen Interessen äußerst unvortheilhaft sein.

VII.

Ein guter Rath der Saturday Review.

Die allbekannte vorzügliche Zeitschrift „Saturday Review" hat sich in einer Kritik meines Buches in ihrer Nummer vom 20. Juli 1878 über meine patriotischen Wünsche hinsichtlich der Gewinnung des Transvaallandes für Deutschland folgendermaßen ausgesprochen: „Es ist viele einleuchtende Richtigkeit in den Bemerkungen des Verfassers über die Gefahren, die Deutschland in Folge seines, im Verhältniß zu seinen englischen und russischen Nachbarn so langsamen Fortschrittes erwachsen. Aber wir sehen nicht ein, wie die Besitzergreifung der Delagoa-Bay dem Uebel abhelfen könnte, und möchten den Deutschen lieber rathen, ihre Augen auf das große Thätigkeitsfeld zu werfen, das sich ihnen im südöstlichen Europa öffnet." Nun, die „Saturday Review" regt da eine Idee an, die schon viele deutschen Köpfe, namentlich unseren großen Nationalökonomen List, lebhaft beschäftigt hat. Wer wollte es denn auch leugnen, daß der Orient mit seinen dünn bevölkerten und doch so reichen Ländern das uns naheliegendste und vielversprechendste Thätigkeitsfeld liefern würde! Daß eine große Nation wie die deutsche ihre Hauptaufgabe zunächst darin hätte sehen sollen, die reichen Donauländer, Ungarn, Rumänien, Bulgarien unter ihre politische und commercielle Gewalt zu bekommen und dieselben allmälig mit gleicher Energie und Nachhaltigkeit zu germanisiren, wie der urkräftige Stamm der Niedersachsen im Norden allmälig die weiten Ländereien der Wenden und theilweise auch der Polen und Letten so vollständig germanisirt hat. Aber der gute Rath der „Saturday Review" nützt uns heute nicht mehr viel. Denn die politische Zweitheilung der deutschen Nation in einem nordwestlichen und einem südöstlichen Theil, von denen der letztere sich dem bunten Völkergemisch gegenüber, mit dem er politisch zusammengeschweißt ist, nur in der Minorität von einem Viertheil befindet, verhindert es, daß die ganze Wucht des großen deutschen Volkes mit derjenigen unwiderstehlichen Kraft nach Südosten drücken, und das nur halbcivilisirte Völkergemisch an der unteren Donau in sich aufnehmen und verdauen könne, wie sonst bei einer Verbindung der beiden getrennten Theile der deutschen Nation möglich und thunlich sein würde. Nur ein dauerndes festes Bundesverhältniß zwischen dem deutschen Reiche und der österreichischen Monarchie (die schöne großdeutsche Idee vom Achtzig-Millionen-Bunde) könnte die österreichische Monarchie in den Stand setzen, dem deutschen Bevölkerungs-Elemente unter ihren vier Hauptvölkern eine herrschende Stellung und ein politisches Uebergewicht einzuräumen. Ohne eine solche hegemonistische Stellung des deutschen Elements in der österreichischen Monarchie ist aber die allmälige Germanisirung der reichen Ländereien des unteren Donaubeckens, die eine Brücke zu einer künftigen deutschen Masseneinwanderung in die übrigen dünn bevölkerten türkischen Provinzen Europa's und Asiens herstellen könnte, von vorn herein nicht recht thunlich. Und außerdem hat die politische Zweitheilung der deutschen Nation in ein preußisch=deutsches Reich und eine dem österreichischen Völkerconglomerat zugehörige Provinz die beklagenswerthe Folge gehabt, daß das deutsche Element durch den letzten türkisch=russischen Krieg vollständig von seiner natürlichen südöstlichen Expansionsrichtung abgedrängt worden ist, indem durch die Schaffung der beiden neuen Staaten: Bulgarien und Ostrumelien (die vermuthlich bald in Einen zusammenfließen werden) das panslavistisch=russische Element auf der Balkanhalbinsel siegreich vorgeschoben und das unbedingt herrschende geworden ist. Wo sich aber einmal die Außenglieder eines Reiches festgesetzt haben, das heute bereits mehr als die doppelte Bevölkerung Deutschlands zählt, da könnten wir höchstens noch durch Militärgewalt dem deutschen Elemente die verstopfte Bahn wieder öffnen. Hierzu ist aber bei der gegenwärtigen politischen Constellation unter den europäischen Mächten gar keine Aussicht vorhanden.

Es ist also ein fait accompli, daß wir es uns haben gefallen lassen, oder gefallen lassen müssen, daß wir von unserer natürlichen Expansionsrichtung nach Südost abgedrängt wurden durch das gewaltige russische Weltreich. Die Bevölkerung und somit auch die politische Macht dieses unseres Nachbarreiches ist bekanntlich in den letzten 150 Jahren wahrhaft lawinenartig angewachsen.

Das russische Reich zählte in den Jahren 1722 14 Millionen
1712 16 „
1762 19 „
1782 28 „
Seelen

— 47 —

Das russische Reich zählte in den Jahren 1796 36 Millionen
1812 41 „
1815 45 „
1835 60 „
1846 66 „
1851 68 „
1858 74 „
1875 92 „
1879 $96^{1}{}_{,2}$ „
Seelen*)

*) Nach der Zählung von
1870 betrug die Einwohnerzahl des europäischen Rußland 65,704,559
1872 „ „ des Königreichs Polen 6,528,017
1875 „ „ des Großherzog. Finnland 1,912,647
1871 „ „ der kaukasischen Provinzen 4,893,332
1870—73 „ von Sibirien und Amurland 3,423,579
1871 betrug „ der Provinz Turkestan 4,490,213
Summa 86,952347

Neuere Zählungen haben nicht stattgefunden. Es läßt sich aber nach den obigen Unterlagen die heutige Gesammtbevölkerung der russischen Monarchie annähernd berechnen, indem man in den vorherrschend christlichen Provinzen einen alljährlichen Zuwachs von 0,8 Procent, in den mohammedanischen aber nur von 0,2 Procent annimmt, welches Zunahmeverhältniß wenigstens in den letzten Jahrzehnten erfahrungsgemäß stattgefunden hat.

Die Volkszahl der einzelnen Theile des Reiches würde daher nach der Wahrscheinlichkeitsrechnung in folgendem Maße gewachsen sein:

Europäisches Rußland 1870—79 um 4,730,724
Polen 1872—79 „ 351,569
Finnland 1875—79 „ 612,047
Kaukasische Provinzen
(halb christlich) 1871—79 „ 1,568,000
(halb mohammedanisch) „ „ 392,000
Sibirien 1873—79 „ 1,643,316
Turkestan mohammed. 1871—79 „ 718,432
Wahrscheinlicher Zuwachs 10,016,088

Diese Tafel ist instructiv genug! (Zu dem Wachsthum der Bevölkerung haben freilich von Zeit zu Zeit Eroberungen und Annexionen viel mit beigetragen!) Jetzt beträgt der jährliche Volkszuwachs, d. h. der Ueberschuß der Geburten über die Todesfälle, durchschnittlich circa 0,75 Procent. Die Zunahme der gesammten Bevölkerung des russischen Reiches beläuft sich also jetzt alljährlich auf 724,000 Köpfe, sodaß es, wenn keine Störungen entgegentreten, in 50 Jahren, bei dem natürlich immer steigenden Verhältniß des Jahreszuwachses, vermuthlich 138 Millionen, nach 100 Jahren aber 187 Millionen zählen wird. Diese 138, respective 187 Millionen werden aber nota bene nicht, wie der deutsche Bevölkerungszuwachs, fortwährend nach fremden Ländern abströmen, sondern voraussichtlich auf den immensen, innerhalb der heutigen Grenzen der Monarchie liegenden Territorien beisammen und so dem Vaterlande erhalten bleiben. Das Zusammenhalten der Theile eines so großen und so ungeheuere Distanzen umschließenden Reiches ist ja im Zeitalter der Eisenbahnen und Telegraphen und der großen stehenden Heere nicht mehr eine so unmögliche Sache, als es zu den Zeiten der macedonischen und der römischen

---

Die Bevölkerung der russischen Weltmonarchie dürfte also am 1. Januar 1879 vermuthlich betragen: 86,952,347
10,016,088
96,968,435
sagen wir also in runder Summe 96½ Millionen, da der orientalische Krieg direkt und indirekt einer halben Million von russischen Soldaten das Leben gekostet hat. Und zu dieser Summe dürfte man noch dreist die von Rußland abhängigen Bevölkerungen von Serbien, Bulgarien und Montenegro [3½ Millionen] rechnen, da es der kaiserlichen Regierung wohl allezeit leicht sein wird, dieselben für russische Staatszwecke in Mitverwendung zu ziehen. (Sagte nicht der neugewählte Fürst Alexander I. zu der bulgarischen Huldigungsdeputation in Livadia am 16. Mai 1879 die folgenden Worte: „Ich würdige Ihre Gefühle für unsere Befreier, diese Gefühle verleihen dem engen Bande, welches uns mit Rußland verbindet, einen noch höheren Werth"). Dadurch steigt die Zahl der jetzt von der russischen Fahne gedeckten Bevölkerungen auf gerade 100 Millionen!!

Weltmonarchie, oder der Monarchie Karl's des Großen der Fall war, und die große sociale und religiöse Einheit der Hauptbevölkerungsmasse des russischen Reiches, der gegenwärtig 70 Procent der Gesammtbevölkerung bildenden „orthodoxen" Nationalrussen wird wohl noch für lange Zeiten als fester Kitt für die übrigen, heute theilweise noch nicht assimilirten und daher eventuell noch centrifugalen, fremden Volkselemente im Reiche dienen.

Sehen wir doch, daß selbst ein Reich wie das Chinesische, das bis vor Kurzem noch über keines der mächtigen Centrali= sationsmittel: Eisenbahnen und Telegraphen zu verfügen hatte, dennoch lange Jahrhunderte hindurch so viele Millionen (jetzt 440 Millionen!) Menschen unter seiner Herrschaft zusammen= halten konnte! Warum sollte dies also einem mit so viel ge= waltigeren Mitteln ausgestatteten Reiche wie dem Russischen nicht ebensogut möglich sein? Bei meinen wiederholten Aufent= halten in den inneren Provinzen Großrußlands ist es mir so recht zum Bewußtsein gekommen, welch' eine originelle und selbstständige, compacte und einheitliche Welt für sich das russische Reich bildet. Die geistige Abtrennung vom übrigen Europa kommt in vielen Richtungen auffallend zur Erscheinung. Im Ganzen genommen hängen die Russen mit treuem Hei= mathssinn an ihrem Vaterlande und lieben es nicht, den Boden „des heiligen und weißen Rußland" zu verlassen. Aber inner= halb der Grenzen dieses von der übrigen Welt beinahe herme= tisch abgeschlossenen Welttheils geben sie sich dem ungezügeltsten Wandertriebe hin. Es sind mir im Innern Rußlands eine unverhältnißmäßig große Menge von Personen vorgekommen, die das ganze ungeheure russische Reich vom Eismeere bis zum Bosporus und von der Weichsel bis nach Kamtschatka in seiner ganzen Länge durchkreuzt hatten. Schwärme von Bauern wandern alljährlich aus den bevölkerteren Gouvernements des inneren Rußland nach den menschenleeren asiatischen Provinzen, den neuen wie den alten, aus und so vollzieht sich, stückweise immer vorschreitend, alljährlich mehr und mehr die einheitliche Russificirung der jüngeren Theile des Reichs.

„Was bedeutet aber heutzutage ein, in der Hauptsache doch in Europa fußendes, Reich von 100 Millionen Seelen? Eine Militärmacht, die bei straffer Anspannung aller Kräfte heute $4\frac{1}{2}$ Millionen Soldaten stellen kann! Und das Rußland nach 50 Jahren wird, (immer vorausgesetzt, daß große Kriege oder Revolutionen den Koloß nicht vorher zerstückeln) mit seinen 138 Millionen Menschen eine nach Außen verfügbare Armee von $3\frac{1}{2}$ Millionen Soldaten, das russische Reich nach 100 Jahren aber unter gleichen Voraussetzungen eine solche von $4\frac{1}{2}$ Millionen Soldaten aufzustellen im Stande sein! Unter solchen Voraussichten vermag ich in den, nun leider unter die russische Machtsphäre gefallenen, Balkanländern kein ersprießliches Abflußbassin mehr für unsere nothwendige deutsche Massenauswanderung zu sehen. Denn wo russische Oberherrschaft oder wenigstens politische Präponderanz bestehen, da können deutsche Colonien sich nicht unabhängig und national entwickeln, und außerdem würde ihnen auch die nöthige Expansionsfähigkeit innerhalb des festen russischen Reichsverbandes abgehen. So können ja die sämmtlichen deutschen Colonien in Südrußland, deren blühenden Wohlstand ich aus eigener Anschauung kennen lernte, sowie die an der Wolga ihrer allmäligen Entnationalisirung und Russificirung nicht entgehen, trotzdem daß sie bereits zusammen $\frac{1}{2}$ Million Einwohner zählen.

VIII.

Die Grundlegung zu deutschen Zukunftsstaaten auf der südlichen Halbkugel.

Das was wir zunächst durch unsere Massenauswanderung zu erlangen suchen müssen: Entlastung von unseren alljährlich immer zahlreicher und gefährlicher werdenden Proletarier-

massen und zugleich Ausdehnung unsers Wirthschafts=
gebiets durch den Gewinn neuer Märkte für unsere Arbeit
— das können wir in dem absolut nothwendigen großen
Maßstabe jetzt nur noch auf der südlichen Halbkugel er=
reichen. Von selbst aber wird der große und regelmäßige deutsche
Auswandererstrom von seiner bisherigen Richtung nach den
Vereinigten Staaten von Nordamerika nicht ablenken. Denn
an und für sich bieten zur Zeit weder Südbrasilien, noch die
argentinische Republik, Uruguay, Paraguay, Bolivien, Chile und
Patagonien den deutschen Einwanderern unmittelbar eine solche
Gesammtsumme von verlockenden persönlichen Vortheilen dar,
wie die Nordamerikanische Union mit ihren freiheitlichen poli=
tischen Einrichtungen, ihrem humanen Heimstättegesetz (das jedem
armen Einwanderer eine unentgeldliche Heimstätte von 240
Morgen Ackerland zusichert!), ihrer absoluten Religionsfreiheit,
ihrer Militärdienstfreiheit, ihrem vorzüglichen öffentlichen Unter=
richtssystem, der großen Anzahl der schon hier ansässigen Lands=
leute, der Schnelligkeit und Wohlfeilheit des Verkehrs, des
immer offenen Absatzes und der fast unbeschränkten Consum=
fähigkeit, und endlich der so kurzen, bequemen und billigen
Reise dahin. Unsere freiwilligen Auswanderer, die ja doch
meistens den ungebildeten Ständen angehören, wandern ganz
natürlich immer am liebsten den nächsten Ländern zu, wo sich
ihnen die günstigsten Aussichten auf bequemes und rasches Ge=
deihen bieten. Ob künftig ihre Kinder deutsch bleiben oder
entnationalisirt werden und ihre Sprache mit einer anderen
vertauschen, das ist ihnen in der ungeheuern Mehrzahl voll=
ständig gleichgültig.

Es werden deshalb diese sämmtlichen südamerikanischen
Territorien, obgleich sie an sich von San Paulo an bis zur
Südspitze von Patagonien, und überall hoch aufwärts in den
auf diese Küstenstrecke ausmündenden Flußthälern, sich für die
Besiedelung mit Deutschen ganz vorzüglich eignen und aus
vielen Gründen den Vereinigten Staaten von Nordamerika
weit vorzuziehen sein würden, für die deutsche Massenauswan=

derung gegenüber den letztern doch so lange eine verhältnißmäßig nur ganz untergeordnete Rolle spielen, als die Richtung der Auswanderung ausschließlich dem Impulse und dem Belieben der einzelnen Individuen überlassen bleibt. Anders aber wird sich die Sache gestalten, wenn unternehmende patriotische Capitalisten gesellschaftliche Vereinigungen zu stande bringen, die sich zum Ziele setzen, für die große Masse der Auswanderer auf der südlichen Halbkugel dieselben günstigen Bedingungen der Niederlassung herbeizuführen, deren sie sich in Nordamerika erfreuen.

Zur Erreichung der oben angeführten, unseren dringenden nationalen Bedürfnissen entsprechenden Ziele, würden also die folgenden Mittel dienen:

Erstens der Ankauf bedeutender Territorien zu Ackerbau-Colonien einerseits in Südamerika — andernseits in Südafrika, in den jetzt beinahe nur nominell portugiesischen Gebieten der Ost- und Westküste, da diese uns den Zugang zu den gesunden und fruchtbaren Distrikten des afrikanischen Hochlandes gewähren würden. Zweitens die Anlage von möglichst zahlreichen deutschen Handelsfactoreien an der afrikanischen West- und Ostküste, die allmälig ihre Filialstationen immer weiter ins Binnenland verschieben müßten. Die letzteren Unternehmungen müßten gänzlich der Privatinitiative unserer deutschen Kaufleute überlassen bleiben, nur der staatliche Schutz wäre ihnen jederzeit im ausgedehntesten Maße zu gewähren.

Der Ankauf von Territorien zu Ackerbau-Colonien und die Massenübersiedelung von Proletariern nach denselben sind aber so kostspielig, daß sich nur dann Privatgesellschaften in Form von Actien-Compagnien zu solchem Zwecke bilden werden, wenn die deutsche Reichs-Regierung durch internationale Verträge und Consularconventionen mit den betreffenden Regierungen den Erfolg solcher großartigen nationalen Unternehmungen möglichst über alle politischen Gefahren sicher stellen würde. Bei dem alljährlichen Stärkerwerden der deutschen Kriegsflotte nud der ganzen unvergleichlich kräftigern Politik des neuen

Deutschen Reiches dürfen wir wohl die Hoffnung hegen, daß künftigen deutschen Massenansiedelungen der Schutz des Mutterlandes in ganz anderer Weise zugewendet werden wird, als es zur Zeit des flottenlosen Deutschen Bundes mit seinem ohnmächtigen und an Händen und Füßen gebundenen Bundestage der Fall sein konnte.

Nachdem die englische Auswanderung durch die intelligente und active Organisation von großen Privatgesellschaften so sehr erleichtert und befördert worden ist, sollte diese letztere also bei uns Nachahmung finden und würde für Deutschland sicher ähnliche günstige Resultate liefern.

Die Engländer verstehen die Organisation solcher, auf dem sogenannten Self supporting principle beruhenden Auswanderungsgesellschaften meisterhaft und wir brauchen daher nur einfach bei ihnen in die Schule zu gehen. Wir würden dann bei künftigen Unternehmungen wahrscheinlich die großen Fehler vermeiden, welche an dem Scheitern so vieler bisherigen deutschen Colonialprojecte schuld waren. Schon John Stuart Mill sagt in seinen berühmten 1848 erschienenen und seitdem sieben Auflagen erlebt habenden „Principles of political economy", daß eins der productivsten Geschäfte, die es gibt, die gemeinschaftliche Uebersiedelung von Kapitalien und Arbeitern nach einer jungen Colonie ist. Es muß schon sehr schlecht gewirthschaftet und gewaltig große Fehler müssen gemacht werden, wenn man nicht von der außerordentlichen Productivität eines solchen Unternehmens die Mittel gewinnen kann, um dessen anfängliche Kosten baldigst zu decken.

In den letzten 50 Jahren sind nicht weniger als 8,300,000 Menschen aus Großbritannien ausgewandert, im Jahre 1872 allein 225,000! Die größere Hälfte derselben wendete sich freilich den Vereinigten Staaten zu, und nur die kleinere den englischen Colonien. Ein ansehnlicher Theil der letztern bestand aus armen Arbeitern, die von den großen Auswanderungsgesellschaften unter Vorschuß der Reise- und Einrichtungskosten befördert wurden, zum großen Vortheile des Mutterlandes, der Colonien und ihrer Personen selbst. Einige der größern Auswanderungsgesellschaften, welche in so nützlicher Weise die überflüssigen Säfte des übervölkerten alten Landes nach neuen jungen und menschenbedürftigen Tochterländern ableiten, sind die folgenden:

Die „Londoner Gesellschaft zur Beförderung der Colonisation", die „Gesellschaft für Darlehen an auswandernde Familien" (Family colonisation loan Society), die „Gesellschaft für Frauenauswanderung", die „Gesellschaft für Auswanderung nach Canada", die „Allgemeine Auswanderungs- und Colonisationscompagnie", und eine Menge kleinerer, nur für bestimmte Colonien bestehender Gesellschaften.

Das Princip der meisten dieser Gesellschaften beruht auf einmaligem Vorschuß und allmäliger Wiedererstattung der Auswanderungskosten seitens der Emigrirten. Die Gesellschaft kauft zuerst zu möglichst billigen Preisen hinreichend große Territorien an, die sie dann den auswandernden Armen in einzelnen kleinen Abschnitten zur Bearbeitung übergibt. In einigen Jahren ist das für den Passagepreis und die ersten Einrichtungskosten vorgeschossene Kapital vom Auswanderer abbezahlt und der Einkaufspreis des Landes durch den infolge der Bearbeitung stetig steigenden Werth desselben zurückerstattet.

Die Gesellschaften haben in allen großen Städten Großbritanniens ihre thätigen Agenten und tragen mächtig dazu bei, das Land fortdauernd und nachhaltig seines Ueberflusses an Proletariern zu entledigen, die beim Verbleiben und bei steter Vermehrung ihrer Familien vom Staate beschäftigt und unterstützt werden müßten und demselben zu Zeiten von Arbeitsstockung oder Revolution zur größten Gefahr gereichen würden. Vielen Hunderttausenden von besitzlosen Arbeitern haben diese für Canada, Neuschottland, Neubraunschweig, Australien und Neuseeland gebildeten Auswanderungsgesellschaften zu Grundbesitz verholfen und sie ihrem heimatlichen Elende entrissen, während andere Hunderttausende, Männer wie Frauen, durch dieselben als Dienstboten nach den Colonien unentgeltlich übergeführt worden sind, wo sie dann ihr gutes und reichliches Brot gefunden haben.

Nun wahrlich, bei uns thäte es auch noth, daß endlich ähnliche große, mit hinreichendem Kapitale ausgerüstete Gesellschaften gegründet würden, denen dann natürlich vom Reiche alle nur mögliche Unterstützung geleistet werden sollte. Ist gleich die Zeit vorüber, wo in Südamerika günstige Territorien in der Größe von europäischen Königreichen noch zu 1 Mark per Morgen gekauft werden konnten, so würde es immerhin für mit gehörigen Kapitalien versehene Compagnien auch jetzt noch thunlich sein, ohne zu große Ausgaben weite, fruchtbare Landstrecken an schiffbaren Flüssen zu erwerben, worauf mit der Zeit viele Hunderttausende von deutschen Proletariern angesiedelt werden und ihr Brot finden könnten.*) Es würde dann Luft werden in dem erstickenden Gedränge unserer Industriebezirke und der Armenviertel unserer großen Städte, wo infolge der stets zunehmenden Uebervölkerung und der immer häufiger auftretenden Arbeitsstockungen die Unzufriedenheit mit den staatlichen und gesellschaftlichen Einrichtungen von Jahr zu Jahr wächst und die socialistische Revolution, unaufhörlich geschürt durch erhitzte Köpfe, immer drohender ihr Schlangenhaupt erhebt. Wenn der Staat durch Begünstigung solcher großen Auswanderungs- und Colonisationsgesellschaften allen den Gemeinden, die an Ueberfluß von Armen leiden, es ermöglichte und erleichterte, auf solche Art nach und nach von diesen krankhaften Parasiten unsers staatlichen und gesellschaftlichen Organismus befreit zu werden, so würde einerseits großen politischen Revolutionsgefahren der Zukunft wirksam vorgebeugt werden und andererseits der schöne Traum der Gründung eines neuen Teutschlands jenseit des Meeres allmälig sicher seiner Verwirklichung entgegenreifen. Denn aus den übergeführten, unzufriedenen und hungernden Proletariern würden

---

*) In Uruguay z. B. sind noch viele Hunderte von Quadratmeilen guten Landes zu 1—200 Tausend Mark die Quadratmeile d. i. 5—10 Mark der preußische Morgen, zu haben.

drüben mit der Zeit gutgenährte, wohlbehäbige und zufriedene deutsche Bauern werden mit kinderreichen Familien und in Folge dieses eigenen inneren Familienzuwachses würden sich immer dichtere und dichtere Schichten deutschen Volkselementes in jenen hispano-amerikanischen Republiken ablagern. Noch liegen in Südamerika endlose menschenleere Territorien offen, die unserm Volke als Erbtheil zufallen könnten. Die argentinische Republik, Uruguay, Paraguay, Bolivia und Patagonien — dieser ganze ungeheuere Flächenraum von 70,000 Quadratmeilen, in dessen reichen, fruchtbaren Ländereien heute nur 5 Millionen Menschen von hauptsächlich romanischer und indianischer Rasse leben, könnten und sollten endlich zur Aufnahme eines anhaltenden und hinreichend starken deutschen Einwandererstromes verwendet werden. Wenn nur die Auswanderung dahin erst einigermaßen in Fluß kommen könnte, so würde eine jährliche Einwanderung von 100—200,000 Deutschen schon in 30—40 Jahren diese sämmtlichen Länder zu vorwiegend deutschen Staaten machen und dann bei der in neuen Ländern regelmäßig constatirten so großen Fruchtbarkeit der germanischen Ehen deren deutsche Bevölkerung sich ebenso rasch vervielfältigen wie die weiße Bevölkerung der Vereinigten Staaten von Nordamerika. Die republikanische Staatsform begünstigt schon an und für sich mehr wie jede andere den allmäligen Uebergang eines Staates von einer Nationalität zu der andern, und die hispano-amerikanischen Republiken würden nach und nach ganz unmerklich sich zu germanischen Freistaaten umwandeln, indem in den einzelnen Districten, nach dem Verhältnisse, in dem sie sich überwiegend mit der neuen deutschen Bevölkerung anfüllen, mit fortschreitender Zeit die durch Volksstimme gewählten Beamten immer mehr dem deutschen Bevölkerungselement entnommen werden würden, bis zuletzt bei endlich eintretender allgemeiner Majorität der deutschen Einwohnerschaft auch der Präsident und die obersten Staatsbeamten aus derselben gewählt werden, die Armee und Polizei eine deutsche und die deutsche Sprache zur Amtssprache des Staates erhoben werden würden.

Der ungeheure Vorzug Südamerikas vor Nordamerika besteht für die deutsche Massenauswanderung darin, daß infolge seiner größeren Weichheit und geringeren Widerstandsfähigkeit das deutsche Element der großen angelsächsischen Majorität und dem härtern und energischern englischen Volkselement in Nordamerika fortwährend unterliegen und in ihm aufgehen wird, und also an die Gründung eines nationaldeutschen Staatswesens dort niemals mehr zu denken ist, während in Südamerika der deutsche Volkstypus dem spanisch=amerikanischen an Bildung, Kraft und Zähigkeit gerade so überlegen ist wie der angloamerikanische dem deutschen. Aus diesem Grunde ist eine Entnationalisirung der deutschen Colonien in Südamerika nie zu erwarten, solange nur einigermaßen ihr numerisches Bevölkerungsverhältniß ein respectirliches bleibt. Und außerdem würde der Anlage nationaldeutscher Colonien in Südamerika noch der gewaltige Vortheil zugute kommen, daß hier keine englische oder amerikanische Eifersucht und Concurrenzbefürchtung ihnen so bedeutende Schwierigkeiten in den Weg zu legen suchen wird, wie dies allerdings wenigstens seitens Englands in Südafrika zu erwarten sein würde, seit die Idee eines „britischen Afrika von Kapstadt bis zum Nil" in den Köpfen englischer Staatsmänner zur Reife gekommen ist.

Die Regierungen der südamerikanischen Freistaaten haben sich in letzter Zeit größtentheils sehr freundlich der deutschen Einwanderung gegenübergestellt. Namentlich Bolivia ist vorangegangen, indem es den Einwanderern funfzigjährige Steuerfreiheit und andere Vortheile zugesichert hat. Wie rasch bei Gewährung solcher Vortheile größere Ackerbaucolonien emporblühen können, das haben z. B. die deutschen Colonien an der Wolga und in Südrußland gezeigt. Dieselben wurden in ihren ersten Anfängen nun gerade vor 100 Jahren gegründet, erfreuten sich jedoch diese ganze Zeit über einer beinahe vollständigen Steuerfreiheit sowie auch der Militärfreiheit. Die

Folge davon war ein so rasches Aufblühen derselben, daß sich ihre Bevölkerung heute durch innern Familienzuwachs (eine Folge der unter so günstigen Verhältnissen sehr allgemeinen frühen Heirathen und kinderreichen Ehen!) sich bereits auf 488,480 Köpfe vermehrt hat (davon 263,084 an der Wolga, 74,975 in der Krim und 150,421 in Bessarabien und dem Gouvernement Cherson). Als in den Jahren 1873, 1874 und 1875 infolge anhaltender Misernten die große Hungersnoth im Gouvernement Samara wüthete, infolge deren die in der Nachbarschaft der deutschen Colonien wohnenden Nationalrussen massenhaft dahinstarben, hatten die deutschen Colonisten sämmtlich vollauf zu essen, da sie weislich ausgedehnte Kartoffelpflanzungen cultivirt hatten, die von der Calamität der Getreidefelder frei geblieben waren. Wenn trotz ihrer günstigen Lage in den letzten 2 Jahren ein Theil der deutschen Bauern von der Wolga nach Brasilien ausgewandert ist, so ist daran nur der Umstand schuld, daß ihnen die neue Militärpflicht nicht behagte, und überhaupt es ihnen nicht angenehm war, daß ihnen das rasch vorschreitende russische Element in ihrer unmittelbaren Nachbarschaft bald über den Kopf zu wachsen drohte.

Ganz das gleiche günstige Resultat deutscher Ackerbaucolonien finden wir auch in den westlichen Staaten der Nordamerikanischen Union, in Britisch Kaffrarien, in Südchile und namentlich auch in den blühenden deutschen Ansiedlungen von Südbrasilien. Die letzteren zählten jetzt bereits eine deutsche Bevölkerung von 150,000 Köpfen und würden uns also den großen Vortheil bieten, einen festen und soliden nationalen Kern abzugeben, um den sich die zukünftige deutsche Einwanderung herumkrystallisiren könnte. Alle Hauptbedingungen zum Aufblühen deutscher Colonien sind in Südamerika in reicher Fülle gegeben! Der Boden ist größtentheils fruchtbar und geeignet zur Cultur der werthvollsten Naturproducte — das Klima ist gesund — ein prächtiges System von schiffbaren Flüssen erleichtert außerordentlich Verkehr, Handel und Industrie — derselbe Umstand stellt eine leichte Verbindung mit dem Meere her, woraus wieder einerseits eine mühelose Communication mit dem deutschen Mutterlande und andererseits die Ermöglichung eines directen deutschen Schutzes resultiren. Der spätern Expansion der Colonien nach Norden, Osten und Süden sind kaum Grenzen gesetzt, und dieselben würden mit der Nachkommenschaft ihrer ersten Bevölkerung und dem fortwährenden neuen Zuflusse aus der Heimath allmälig den größten Theil von Südamerika überfluthen, da ihren immer mehr anschwellenden Massen die eingeborene, sich viel weniger rasch vervielfältigende Bevölkerung keinen dauernden Widerstand entgegensetzen könnte. Es würde sich jetzt für den Anfang nur darum handeln, den in den neuen Boden überpflanzten jungen Stämmen einige Jahrzehnte hindurch den directen Schutz des Mutterlandes zukommen zu lassen. Dieser Zweck könnte durch abzuschließende Staatsverträge und Consular-Conventionen erreicht werden, deren treues Innehalten von seiten der betreffenden Regierungen dann durch an der Ostküste stationirte oder wenigstens zeitweilig hingesendete deutsche Kriegsschiffe leicht controlirt und eventuell im Nothfalle durchgesetzt werden könnte. Wer möchte daran zweifeln, daß unter solchen Verhältnissen die neuangelegten deutschen Colonien in Südamerika sich rasch und mächtig ausbreiten würden und aus unserem, jedes Jahr sich mehr und mehr mit Proletariern überfüllenden, Vaterlande fortdauernd Hunderttausende dieser immer gefährlicher werdenden Armenbevölkerung aufnehmen könnten, zum Segen der zurückbleibenden Bevölkerung wie zur Gründung ihres eigenen Glücks!

Die Kosten, um 100,000 Menschen über's Meer zu führen und dort mit den nothwendigen ersten Einrichtungsgegenständen zu versehen, würden nicht unter 30 Millionen, die für 200,000 nicht unter 60 Millionen M. betragen, wozu dann noch die Kosten des Ankaufs der nöthigen Territorien kommen würden. Eine ungeheuer erscheinende Summe! Gewiß, aber sind nicht viel größere Summen für viel geringere Zwecke aufgeopfert worden? Handelt es sich denn hier nicht um einen Act der Selbstrettung, dem Vorbeugen blutiger Revolutionen, die uns in Zukunft mit mathematischer Sicherheit bevorstehen, wenn ihre Ursache, die unaufhaltsam fortschreitende Ueberfüllung unseres Landes mit Proletariern, nicht nachdrücklich eingeschränkt und vermindert wird? Werden diese Revolutionen und ihre Unterdrückung durch Bajonnete und Kartätschen nicht viel mehr Geld kosten als jetzt deren Vorbeugung? Wir leben im vollsten Sinne des Worts auf einem Vulcan, in dessen Innern es mächtig kocht und braust. Seit dem Erlaß des Socialistengesetzes ist die Gährung der von der Hand zum Munde lebenden Volksklassen zwar von ihrer Erscheinung an der Oberfläche zurückgetreten, brodelt aber dafür nun desto intensiver in der verborgenen Tiefe. Verbotene Schriften, die nicht mehr offen bezogen werden können, finden aus London massenhaft ihren Eingang durch besondere Emissäre und in leicht transportabler und in Briefcouverts versteckbarer Form, gedruckt auf dünnes Reispapier und in Westentaschenformat. Dabei ist die innere Organisation der socialistischen Partei eine bewundernswürdige und die darin herrschende einheitliche Disciplin wetteifert mit der militärischen. Und außerdem ist auch ein Theil unserer Armee (d. h. der gemeinen Soldaten, allerdings glücklicherweise noch nicht wie in Rußland auch des Officiercorps!) von den socialistischen Ideen inficirt und zwar ein größerer Theil als unsere Staatsmänner es sich wohl träumen lassen! Diese Verhältnisse werden sich, wie ich fürchte, von Jahr zu Jahr verschlimmern und es könnte leicht kommen, daß schon der hundertste Jahrestag der französischen Revolution unser schönes Vaterland von einem Meere von Blut überschwemmt finden würde! Nur dadurch kann in der gefährlichen Gesammtstimmung unserer unteren Volksschichten eine durchgreifende Aenderung herbeigeführt werden, daß den von ihrer Handarbeit lebenden Klassen eine reelle und handgreifliche Aussicht geboten wird, um ihre wirthschaftliche Lage dauernd zu verbessern. Wer möchte so sanguinisch sein, allein von den neuen wirthschaftlichen Reformen und Schutzzöllen eine solche durchgreifende und dem Maßstabe der Wünsche der Betheiligten entsprechende Verbesserung der Lage unserer Proletariermassen zu erwarten? Dieselben mögen in engeren Kreisen erträglichere Verhältnisse schaffen — als Heilmittel für unsern Pauperismus im Großen und Ganzen können und werden sie nicht durchschlagen. Für die bedrängtesten unserer Proletarierschichten wäre aber eine rasche und durchgreifende Verbesserung ihrer Lage offenbar am leichtesten und sichersten durch ihre Uebersiedelung nach eigenen deutschen Ackerbaucolonien zu eröffnen. Gerade die unzufriedensten und gährendsten Elemente unsers Proletariats, welche zumeist die denkenden Köpfe unter den Arbeitern und ihre Führer und Leiter umfassen, würden sich am meisten von der ihnen gebotenen Aufbesserung ihrer wirthschaftlichen Lage angezogen fühlen und sich gewiß sehr gern nach den Colonien einschiffen lassen.

Also schon negativ würde ein solcher Massenexport des revolutionären Zündstoffes sich für uns bezahlen, indem derselbe für unsern Nationalwohlstand unschädlich gemacht und in Gegenden abgelagert würde, wo er sich in fruchtbaren Humus verwandeln und in den, dem heimathlichen Elende entrissenen, Kindern unserer Proletarier glücklichere Generationen emporwachsen lassen wird. Der deutschen Arbeit aber werden solche deutsche Ackerbaucolonien einen, von Jahr zu Jahr in Ausdehnung und Kaufkraft wachsenden, neuen und festen Absatzmarkt eröffnen und außerdem wird, was mir als eine Hauptsache erscheint, dadurch der Grund zu nationalen Tochterstaaten jenseit der Meere gelegt werden.

Es überläuft mich immer ganz heiß, wenn ich Zeuge des namenlosen Stumpfsinns bin, womit so viele selbst der gelehrtesten Leute der bisherigen jammervollen, kopflosen Verzettelung und Zerstreuung der deutschen Auswanderer zusehen, gerade als müßte es so und könnte es gar nicht anders sein: wie es ihnen so vollständig gleichgültig ist, daß alle diese reichen Lebenselemente der Zukunft, diese Ströme lebendigen deutschen Menschenblutes, immer und immer nur dem Riesenmagen eines fremden Staatsorganismus zuströmen und dessen Na=

tionalvermögen und Nationalkraft alljährlich so immens be=
reichern!

„Was soll ich dazu sagen, wenn ich z. B. in dem viel=
verbreiteten Meyer'schen „Conversations=Lexikon" in Band 10
(von 1877) unter dem Artikel „Colonien" (S. 157) lese, wie
folgt:

„Die Machtentfaltung des Deutschen Reiches seit 1866
gestattete ihm endlich die Begründung einer imponirenden
Seemacht, und seitdem sind patriotische Wünsche vielfach
laut geworden, welche nun auch die Begründung deutscher
Colonien fordern. Diese Wünsche müssen als anachro=
nistisch und träumerisch mit allem Nachdruck zurückgewiesen
werden. Seitdem die colonisirenden Staaten gezwungen
wurden, ihre Colonien freier zu stellen, seitdem uns der
Handelsverkehr mit fremden Colonien offen steht, wie
dem Mutterlande derselben, sind die volkswirthschaftlichen
Nachtheile beseitigt, unter denen wir litten, als wir von
dem Verkehr mit der Neuen Welt ausgeschlossen waren.
Andererseits würde die Verwaltung, Bewahrung und Be=
schützung von Colonien einen Kraftaufwand erfordern,
welchem ein entsprechender Vortheil nicht gegenübersteht.
Selbst die Begründung einer Flottenstation, für welche
man vielfach die Insel Formosa vorgeschlagen hat, ist
als kostspielig zu widerrathen. Die Aufgabe jedes Staates
und so auch des Deutschen Reiches ist, seine innern Ver=
hältnisse möglichst befriedigend zu ordnen. Außerhalb
unserer Grenzen wollen wir nichts suchen als Frieden
und einen möglichst ungehemmten Verkehr."

Wo bleibt bei allen den philiströsen Reflexionen dieses
weisen Salomo der patriotische Standpunkt? Ist es denn
so ganz einerlei, ob unser nationaldeutsches Volkselement gegen=
über dem unaufhaltsamen Wachsthum der fort und fort um
sich greifenden und allmälig die ganze Welt mit eisernen
Armen umspannenden angelsächsischen und russischen Nationen
immer nur auf derselben Stufe der Vergangenheit stehen bleibt?

Kann und wird denn unser Deutsches Reich in ungeschwächtem Maße seine Macht und seine Geltung in der Welt behalten, wenn die Angelsachsen und Russen ohne Aufhören ihre Volkszahl verdoppeln und verdoppeln, während die Zahl der Unterthanen des Deutschen Reiches, des engen Raumes wegen, worin sie heute eingepfercht und eingestopft sind, nie einer annähernd gleichbedeutenden Zunahme fähig ist, da Massenauswanderung das fortwährend zuwachsende Zuviel der deutschen Bevölkerung continuirlich nach nichtdeutschen Ländern abführen wird?

Immer haben solche principielle Gegner deutscher Colonien in kurzsichtigster Weise nur das persönliche Gedeihen der Individuen im Auge, niemals die Stellung der deutschen Nation als ebenbürtiger Schwester unter den übrigen Nationen! Könnte und sollte das deutsche Volk nicht ebenso eine weit gebietende und über endlose Territorien herrschende Königin unter den Nationen sein wie die englische, die amerikanische, die russische?

Ich möchte die kosmopolitische Verbreitung der angelsächsischen und der teutonischen Nationalität ein paar Eichbäumen vergleichen, die seit zwei Jahrhunderten jedes Jahr ihren reichen Eichelsamen auf den Boden niederfallen ließen. Der englische Stamm, obgleich ursprünglich viel schwächer als der deutsche, hatte den Vortheil, daß alle seine Eicheln im Boden keimten und als junge kräftige Bäume aufgingen. Infolge dessen ist jetzt nach zwei Jahrhunderten der altenglische Eichbaum von einem reichblühenden Kranze junger Eichenstämme umringt, in denen sich sein Geschlecht fortsetzt und die wieder ihrerseits fortwährend neue Stämme hervorbringen, sodaß das Wachsthum des jungen Waldes unaufhaltsam nach allen Seiten hin vorwärts schreitet. Der deutsche Stamm jedoch hatte das Unglück, auf steinigem Boden zu stehen, sodaß alle seine zahlreichen Eicheln fortwährend ganz unnützerweise auf den Boden fielen. Und dort wurden sie von fremdem Weidevieh aufgefressen, das dadurch schwer und fett wurde. Die letztere Vergleichung ist gewiß nicht unpassend zur Bezeichnung des materiellen Gewinnes, den die deutsche „Völkerdüngungen" so anhaltend den weiten Territorien des amerikanischen Westens zugeführt hat. Das deutsche Volk in seinen heutigen engen Grenzen gleicht einem jungen Strauße, der etwa fortdauernd in einem Hühner= käfig gehalten werden sollte. Sein Wachsthum wird durch die engen Käfigstangen gewaltsam unterdrückt, während seine Nach= barn, die im Freien gehaltenen Strauße, (i. e. der russische und die englischen Volksstämme) den vollsten Spielraum haben, um sich zu kräftigen Riesenvögeln zu entwickeln.

Ebenso passend ließe sich die heutige Ausdehnung des deutschen Reiches einem engummauerten Teiche vergleichen, aus dem fortwährend alles Wasser, das auf der einen Seite einströmt, auf der andern wieder abfließt und überläuft, während die angelsächsischen und die russischen Volksstämme für die fort= während aus den Boden quellenden Ströme ihres Volkszu= wachses jeder ein weites und ungeheures Seebecken offen haben, in dem ihre continuirlich neu zuströmenden Menschenfluthen un= behindert Platz zur Ausbreitung und Ansammlung haben und daher mit der Zeit riesig anschwellen und große Meere aus= füllen werden. Im Hinblick auf das unvergleichliche Riesen= wachsthum der angelsächsischen Rasse bin ich für meine Person zwar gern bereit, mich mit der großen Idee des Pangermanismus zu trösten — sind ja doch Engländer, Amerikaner, Holländer, Skandinaven und Deutsche alle nur Zweige Einer germanischen Bruderfamilie! Und außerdem, wenn nun einmal mein deutsches Vaterland bei der Vertheilung der zahlreichen Schätze dieser irdischen Welt absolut immer leer ausgehen soll und muß, so ist es mir persönlich ganz recht, wenn es dann wenigstens keine andere als die uns stammverwandte angelsächsische Rasse ist, welche die noch unvertheilten jungfräulichen transatlantischen und afrikanischen Welten mit allen ihren immensen Reichthums= quellen für sich ausschließlich in Beschlag zu nehmen sich an= schickt. Ist ja doch namentlich die englische Nation recht eigent= lich die Aristokratin unter den Nationen unserer Erde, und eine hohe Verwandte, auf die wir stolz sein und der wir wegen ihrer heroischen Eigenschaften, ihrem physischen und moralischen Muthe, ihrer Begeisterung für humane und ethische Ziele, ihrer auf dem ganzen Erdballe documentirten rastlosen Activität und ihrer eisernen Energie unsere aufrichtige Bewunderung nicht versagen können. Was ich auch der englischen Regierung wegen ihrer egoistischen und rücksichtslosen Politik gegen die afrikanischen Boers vorzuwerfen habe, meine herzliche Liebe, Sympathie und Hochachtung für die englische Nation wird dadurch nicht im mindesten erschüttert und eben deshalb erfüllt der Blick auf das fabelhaft rasche Fortschreiten der angelsächsischen Raße zur künftigen Weltherrschaft meine Seele nicht mit Neid und Bitterkeit gegen dieselbe.

Trotzdem aber ist es mir als Deutschem immerhin schmerzlich, zu constatiren, daß unser bescheidenes, rücksichtsvolles Volk immer und immer vom reichen Gabentische der irdischen Herrlichkeiten sich abdrängen läßt und nach wie vor nur auf seine zwar sehr ehrenhafte, aber doch dabei so uneinträgliche Schulmeister- und Bücherschreiberrolle beschränkt bleibt. Alle jene großen schönen überseeischen Welten — sie sind ja nicht da für uns arme Denker und Idealisten! Sie ansehen, uns ihres schönen Anblickes freuen, ja sogar sie zu unserer individuellen Bereicherung ausnützen, das dürfen wir freilich. Aber mit hoher Stirn unsere Nationalität hineintragen und derselben auch jenseit der Meere ein gebietende staatliche Stellung schaffen, mit Einem Worte: ein geachtetes Neudeutschland stiften — das dürfen wir nicht, das sind und bleiben für unsere teutonische, wie man gespottet hat nur zum Völkerdünger bestimmte Raße verbotene Früchte! Nur dem englischen Bruderstamme sind Kinderfreuden bescheert; wir müssen mit dem Loose eines einsam stehenden alten Hagestolzen fürlieb nehmen! Während die Engländer überall herrschen, wo sie hinkommen, und den Völkern ihre Gesetze und ihre Sprache vorschreiben, müssen unsere Kinder sich jenseit der Meere nur dienend fremden Staaten unterordnen und ihre Nationalität und Sprache demüthig darangeben.

Kurz, die Engländer leben, als Nation, überall in der Welt als Patricier — uns Deutschen ist, wie so vielen andern schwächern und weicher organisirten Völkern, nur die Rolle der Plebejer übriggeblieben! Fort und fort müssen wir zusehen, wie unser so übermäßig reichlich zuwachsender Kindersegen alljährlich den engen vollgedrängten Raum des Vaterlandes, der nicht allen Brot bieten kann, verläßt und nach fremden Ländern abströmt, ohne daß bis zum heutigen Tage irgendwo jenseit der Meere die deutsche Nationalität es vermocht hätte, tiefe und kräftige Wurzeln zu schlagen und einen nationalen Staat zu begründen.

Seit im Jahre 1682 Pistorius von Frankfurt aus die erste Gesellschaft deutscher Auswanderer nach Pennsylvanien führte, hat sich die deutsche Emigration zu verschiedenen Zeiten nach beinahe allen Windrichtungen hin gerichtet. Wenn auch die Hauptmasse immer nach Nordamerika zog, um dort dem Vaterlande vollständig zu entfremden, so nahmen doch bedeutende Nebenströme auch nach andern Gegenden ihren Lauf: nach Ungarn, Polen, Ost- und Südrußland, dem Kaukasus, Rumänien, der Dobrudscha und Südspanien — nach Südbrasilien, Uruguay, Patagonien, Südchile, Peru und Venezuela — nach Algerien, Kaffrarien und Natal — nach Südaustralien und Neuseeland — ja sogar nach Lappland und Palästina! Und doch wurde mit allen diesen Auswandererströmen nirgendwo ein nationales Ziel erreicht, und nirgendwo haben dieselben ein selbstständiges nationales Staatswesen begründen können! Die deutsche Auswanderung bereicherte und kräftigte fortwährend nur andere Völker, während das unsere keinerlei Ersatz für die verlorenen volkswirthschaftlichen Kräfte erhielt. Welcher Deutsche, der längere Zeit in den Vereinigten Staaten von Nordamerika verweilte, hat nicht drüben die für sein Nationalbewußtsein so unbehagliche Beobachtung gemacht, daß unsere Nationalität von der großen Masse der Yankees für eine weniger vornehme und vollgiltige, eine weniger civilisirte und fortgeschrittene erachtet wird als die ihrige? Wer aber könnte ihnen das auch verargen, wenn man sieht, in wie ekelhafter Weise drüben so viele früher eingewanderte Deutsche aus den ungebildeten Ständen, sobald sie erst wohlhabend und hinreichend „amerikanisirt" worden sind, dann ihr deutsches Wesen und ihren deutschen Ursprung geflissentlich verleugnen und sich seiner schämen, mit Vorliebe nur englisch sprechen, ihre Namen anglisiren (z. B. aus Schmidt Smith, aus Schneider Snider, aus Oswald O'Swald machen) und überhaupt bei jeder Gelegenheit nur als Vollblut-Yankees zu erscheinen suchen!

Kam dieses Gefühl seiner Inferiorität, seines geringern gesellschaftlichen Werthes dem Deutschen niedern Schlages nicht sehr natürlich aus dem Anschauen der Bedientenrolle, die er das deutsche Element überall in Nordamerika einnehmen sieht? Eine Nation, deren Gliedern zur Emigration nur Länder offen stehen, wo sie sich ausnahmslos fremden Gesetzen, fremden Sitten und fremder Sprache unterwerfen müssen, muß es sich gefallen lassen, wenn ihre ausgewanderten Kinder dann drüben keinen besondern patriotischen Stolz und nationales Selbstgefühl offenbaren und demüthig ihren Nacken der neuen superioren Nationalität beugen. Ist denn aber eine solche untergeordnete kosmopolitische Stellung des deutschen Volkselements eine nothwendige und selbstverständliche? Sind wir denn nicht die Nachkommen der markigen Helden jenes glorreichen Hansabundes, dessen Flagge so lange Zeit die Meere der alten Welt beherrschte? dessen zahlreiche Flotte Lissabon eroberte, und der selbst England nöthigte den Frieden für schweres Geld von ihm zu erkaufen? Der unselige 30jährige Krieg war es hauptsächlich, der unsere Nation von der stolzen Höhe herabstürzte, die sie sich in der Welt errungen hatte. Dieser Krieg hat uns nationalökonomisch um 2 Jahrhunderte zurückgebracht! Unsere Volksstämme zerfleischten einander in wildem Fanatismus und brachten sich gegenseitig an den Bettelstab, während klügere Völker in derselben Zeit frischweg und ungenirt die fremden Welttheile unter einander vertheilten. Gebunden und geschwächt durch unselige politische Zerklüftung und Zerstückelung, hatte

5*

die deutsche Nation das Unglück, daß ihr leider erst 2 Jahr=
hunderte zu spät ein rettender Bismarck erschien um die zer=
fallenen Bruderstämme zu einigen. Und deshalb war die große
Nation gerade in der entscheidenden Zeit leider nicht in der
Lage es zu hindern, daß die immensen Territorien, die einer
ihrer mannhaftesten Stämme: die kühnen Niederländer an sich
gebracht, denselben nach und nach von den Angelsachsen zum
größten Theil wieder abgenommen wurden. Trotz ihrer ärm=
lichen Volkszahl von nur ein paar Millionen besaßen die
Holländer einst den heutigen Staat Newyork, ganz Guyana,
Brasilien, einen Theil Ostindiens und die Insel Ceylon, den
ganzen Ostindischen und einen Theil des Westindischen Archipels,
Neuholland, Vandiemensland und Neuseeland, Südafrika, Mau=
ritius und viele Inseln in den Oceanen, ja sogar im Eismeere
auf Spitzbergen und Nowaja=Semlja gründeten sie periodische
Niederlassungen! Der Mangel einer gehörigen Bevölkerungs=
zahl, um alle diese Colonien hinreichend mit holländischen Colo=
nisten versehen und vertheidigen zu können, hatte zur Folge, daß
dieselben nach und nach größtentheils in fremde Hände fielen.
Dieser niederdeutsche Volksstamm, der eine Zeit lang der eben=
bürtige Nebenbuhler Britanniens um die Herrschaft der Meere
war und dessen verwegene Admirale die Themse hinaufsegelten
und Chatham verbrannten, konnte seine große politische Rolle
hauptsächlich deshalb nicht fortspielen, weil ihm die enge Ver=
bindung mit seiner Mutter, dem Deutschen Reiche, fehlte und
auch dieses noch überdies zu jenen Zeiten sich in einer so
traurigen Verfassung und Zerrissenheit befand.

Aber die kurze Geschichte seiner überseeischen Colonien und
Eroberungen (von deren einst so ungeheuerm Umfange ihm ja
auch heute noch ein Colonialreich von 22 Millionen Unter=
thanen übriggeblieben ist) zeigt hinreichend, wie ebenbürtig das
teutonische Element dem angelsächsischen ist und daß ebenso
leicht aus deutschen Elementen ein Weltreich hätte zusammen=
geschmiedet werden können als wie aus angelsächsischen und
slawisch=russischen. Statt daß die deutsche Nation ihre Kinder

immer nur als dienende Elemente fremden Staaten zusendet und die letztern (und darunter gerade ihre größten geschäftlichen Concurrenten) dadurch fortdauernd reicher und mächtiger macht, würde es denn nicht besser und vernünftiger sein, endlich einmal den Grund zu einer überseeischen deutschen Herren-Nation zu legen, die auf der südlichen Halbkugel deutschen Ruhm und Ehre fortpflanzen und von der schmählichen und schändlichen Entnationalisirung befreit bleiben würde, der alle bisher ausgewanderten deutschen Volkselemente rettungslos verfielen? Wäre es nicht patriotisch, danach zu streben, daß die Kinder, welche der mächtige Stamm des deutschen Volkes gleich dem englischen niemals unterlassen wird, zahlreicher wie irgend eine andere europäische Nation in die Welt zu setzen, in Zukunft nicht mehr gezwungen würden, in nothwendiger Massenemigration immer nur fremden Staaten dienend zuzuwandern, den ehrbaren deutschen Namen zu wechseln und sich einer fremden Nationalität, fremden Sprachen und Sitten unterzuordnen?

Die drei Mächte, welche die Kraft und die Lust in sich fühlen, untereinander den Erdball zu vertheilen, die Briten, Nordamerikaner und Russen glauben jede an einen ihr von der Natur zugewiesenen, handgreiflichen und offenbaren historischen Beruf, für den die Angelsachsen das sehr passende Wort „Manifest destiny" ersonnen haben. So schwärmt der Brite jetzt, ungeachtet seines schon so kolossalen Weltreiches mit seinen 290 Millionen Unterthanen und Schutzbefohlenen, daneben immer noch für ein „Afrika englisch vom Tafelberg bis zum Nil!" — der Yankee für ein „Ganz Amerika vereinigt unter dem glorreichen Sternenbanner!" — der Russe für ein „Slawisch-russisches Weltreich vom Eismeere bis zum Persischen Meerbusen und vom Bosporus bis zum japanischen Meere!" Wäre es denn nicht schöner, stolzer und würdiger, wenn auch der bisher immer phlegmatisch im Winkel gestandene und blöde dem reichen Gabentische der Welt fern gebliebene

Deutsche endlich einmal sich einen ähnlichen respectirlichen Zukunftsplan ausdächte, der seinen derben Fäusten und seinem Können angemessen wäre? Wenn er z. B. das stolze Programm auf seine Fahne schriebe: „Nordamerika gehört den Angelsachsen, in Südamerika aber soll ein herrliches Neudeutschland erblühen! Unsere großartigen Erfolge in den Jahren 1870 und 1871, berechtigen sie uns denn nicht, die alte bescheidene schüchterne und bedientenhafte Rolle endlich einmal gründlich beiseitezulegen, uns kühn und stolz unter die drei Bewerber um die künftige Weltherrschaft zu mischen und auch unserm, von seiner jahrhundertelangen Flügellahmheit endlich geheilten Reichsadler nunmehr am Himmel ein Ziel seiner „Manifest destiny" zuzuweisen, nach dem er seinen Siegesflug zu richten hätte? Oder soll der endlich zum Bewußtsein seiner Kraft erwachte deutsche Aar fortfahren, seine Zeit immer nur damit zu vergeuden, lüsterne Feinde von seinem engen Käfige wegzubeißen?

Noch wäre es nicht zu spät, mit der Uebernahme einer solchen neuen, der Kraft und den Bedürfnissen unserer Nation entsprechenden politischen Rolle den Anfang zu machen, wenn dem deutschen Volke das reiche und herrliche Südamerika erschlossen würde! Ziemlich indifferent wäre es dabei für das deutsche Volk im Großen und Ganzen, ob die gegenwärtigen isolirten Staatenbildungen in Südamerika noch lange Zeit formell erhalten bleiben würden. Es würde sich hauptsächlich nur darum handeln, diesen heutzutage vorwiegend hispanischen und lusitanischen Staatsorganismen allmälig deutsches Blut zu infiltriren, und zwar stetig und so lange andauernd, bis nach und nach das deutsche Volkselement vollständig in der Majorität sein und die spanischen und portugiesischen Elemente dann sicher ebenso vortrefflich verdauen und assimiliren würde, wie die angelsächsische Nationalität mit der Zeit alle übrigen Stammestypen in Nordamerika in sich aufgenommen und „amerikanisirt" hat. Also eine friedliche allmälige Teutonisirung der südamerikanischen Staaten durch continuirliche und ununterbrochene deutsche Masseneinwanderung, die sich zunächst in dem großen Flußgebiete des La=Plata ansammeln und aus= breiten müßte und dann mit der Zeit schon von selbst weiter schreiten würde! Die eingeborene Bevölkerung spanischer, portugiesischer und indianisch=kaukasischer Misch=Raße könnte sich ruhig eine solche deutsche Masseneinwanderung gefallen lassen, da ihre producten= reichen Länder sich ungleich rascher entwickeln und im National= reichthum, in Cultur und Wohlstand außerordentlich vorwärts schreiten würden, wenn ihnen ein stetiger Zufluß energischer europäischer Culturelemente gesichert würde. Denn die süd= amerikanischen Staaten haben ja das gemein mit den Boerdistricten von Südafrika, daß für sie alle Zuströmung nationaler Volks= elemente aus ihren ehemaligen Mutterländern schon seit langer Zeit aufgehört hat und sie für die Zunahme ihrer Bevölkerung nur auf die eigene innere Vermehrungskraft angewiesen sind, die aber für sich allein nicht ausreichend ist, um größere Theile des ungeheuren Ländercomplexes, den sie bewohnen, noch zum Nutzen der jetzt lebenden Generation der Cultur zu eröffnen.

Namentlich dürfte es im Interesse der Kaiserlich Brasilia= nischen Regierung liegen, die Masseneinwanderung von Deutschen in jeder möglichen Weise zu begünstigen. Zur Culturerschließung der südlichen Theile des Reiches würde ihr von keiner anderen europäischen Raße ein so arbeitsames, solides und dabei streng loyales und allen politischen Revolutionen mehr abholdes Volks= element zufließen können als das der deutschen Ackerbaucolonisten. (Denn die deutschen Proletarier und Socialisten würden unter den veränderten günstigen Lebensbedingungen sehr bald sich in fleißige und ruhige Landarbeiter umwandeln). Und deshalb brauchte auch die Regierung keinerlei Befürchtungen zu hegen, daß eine in großem Maßstabe vor sich gehende stetige deutsche Masseneinwanderung der politischen Selbstständigkeit des Kaiser= reiches gefährlich werden könnte. Das Kaiserthum und die Dynastie könnten ruhig fortbestehen, wenn auch allmälig die Bevölkerung der südlichen Provinzen vollständig germanisirt werden sollte — ja die Kraft und der Reichthum, den ein fortwährendes Wachsthum des arbeitsamen und loyalen deutschen Volkselementes dem brasilianischen Staatswesen zuführen würde, könnten dem letzteren nur zur Stärkung und Festigung gereichen und würden ihm immer mehr und mehr die politische Hegemonie gegenüber den hispanisch-südamerikanischen Staaten sichern. Für das deutsche Reich wäre ein politischer Anschluß der germanisirten Theile Brasiliens keineswegs erforderlich, da es seinen Interessen schon genügen würde, wenn die deutsch-brasilianische Bevölkerung vor Entnationalisirung bewahrt und durch einen geregelten merkantilischen Verkehr mit dem deutschen Vaterlande in dauernder und fester wirthschaftlicher Verbindung erhalten würde. Hierfür freilich müßten die deutsche Regierung und das deutsche Volk selbst Sorge tragen!

Dank dem eisernen Staatsmann, der uns endlich ein nationales Reich geschaffen — nach jahrhundertelanger vergeblicher Sehnsucht der deutschen Nation — steht das heutige deutsche Reich gleich einer gewaltigen und unangreifbaren Burg unter den europäischen Staaten. Aber wie schnell ändern sich die Machtkreise von Völkern!

Dasselbe russische Volk, das zwei Jahrhunderte lang als Sklave das Joch der rohen Mongolen und Tataren tragen mußte, und das noch im Jahre 1611 seine Hauptstadt Moskau von Grund aus durch die übermüthigen Polen zerstört werden sah, hat seitdem beiden Nationen seinen Fuß auf den Nacken gesetzt und sie zu seinen unterthänigen Knechten gemacht. Seit einem Jahrhundert schwillt nun seine Menschenzahl im Verein mit den ihm unterthänigen Vasallenvölkern wie eine hinter Mauern aufgestaute Seefluth immer mehr und mehr zu einem Ocean an. Schon heute sind es, mit den neugewonnenen Schutzbefohlenen in den Balkanländern, Einhundertmillionen Menschen, welche der Zaar zu seiner unbeschränkten Verfügung hat. Wird nicht eine Zeit kommen, wo dieser Menschenocean seine Uferwälle durchbricht, und könnte er dann nicht alles dahinterliegende Land mit allmächtiger Gewalt überfluthen? Wohl

nur wenige Leute kennen bei uns die prophetischen alten Slawen=
lieder, die von einer künftigen „Befreiung des Slawenvolkes"
vom Joche „des Türken, des Ungarn und des Deutschen"
singen und die noch heute im russischen Volke fortleben! Und
wie dann, wenn die alljährlich wachsende russische Macht sich
mit dem neu erstarkten Frankreich gegen uns verbünden sollte?
Ist es nicht möglich, daß einmal nach dem Ableben des deutsch=
freundlichen Kaisers Alexander die sogenannte altrussische d. i.
chauvinistisch=nationale und panslavistische Partei die Zügel
der Regierung in die Hand bekommen wird? Wird dann
gegenüber einem Bunde zweier Reiche, die schon heute zu=
sammen 137 Millionen Menschen zählen (ohne die Bevölkerung der
französischen Colonien mitzurechnen) die Schwierigkeit, sich solcher
Feinde zu erwehren, für Deutschland nicht von Jahr zu Jahr
sich steigern? Wird die nothwendige stete Kriegsbereitschaft
solchen Nachbarn gegenüber für unser Volk nicht mit jedem
Jahrzehnt kostspieliger und ruinirender werden?

Gegenüber der immer zunehmenden Bedenklichkeit der
Nachbarschaft der russischen Riesenmacht, für deren dauernd
freundliche Haltung zu Deutschland doch keine ewigen Garantien
vorliegen, ist mir daher die Idee der Gründung eines sicher
gelegenen, großen, compacten und expansionsfähigen Neudeutsch=
lands jenseit der Meere geradezu ein patriotisches Bedürfniß,
da dasselbe der deutschen Nationalität für alle Zeiten einen
mächtigen Stützpunkt gewähren und außerdem unserm Volke
eine fortdauernd sich steigernde Vermehrung seines National=
reichthums zuführen würde.

Würde baldigst der Grund zu einem oder zwei deutschen
Tochterstaaten auf der südlichen Halbkugel gelegt und alle unsere
Auswanderung dorthin concentrirt, so würde nach 50 Jahren
die deutschredende Bevölkerung des Erdballs, die heute 61 $\frac{1}{2}$
Millionen Köpfe zählt, auch wenigstens ihre 100 Millionen
betragen; nach 100 Jahren aber würde sie nicht unter 200
Millionen zählen und dann also diejenige des russischen Reiches,
bei beiderseitigem verhältnißmäßigem Zuwachse, noch übertreffen,

während sie etwa ein Fünftheil der bis dahin wahrscheinlich vereliffachten angelsächsischen Bevölkerungen ausmachen würde. Bleibts aber beim Alten, so wird das deutsche Volk von Jahrzehnt zu Jahrzehnt in der politischen Wagschaale leichter werden, in dem umgekehrten Verhältnisse als die slavisch-russische und die angelsächsischen Bevölkerungen fortwährend an Kopfzahl und daher auch an politischer Bedeutung zunehmen. Würde ein solches allmäliges nothwendiges Herabsteigen unsers Vaterlandes von seinem jetzigen europäischen Ehrenplatze den Hoffnungen entsprechen, welche die politische Wiederauferstehung unsers deutschen Reichs im Jahre 1871 in den Herzen unserer Patrioten erregt hat?

Möchten also doch durch die eigene Initiative des deutschen Volkes Maßregeln getroffen werden, um durch eine Organisation und Centralisation unserer Massenauswanderung den anhaltenden Kräfteabfluß, der aus der bisherigen jammervollen Verzettelung und Zerstreuung derselben für uns resultirte in einen anhaltenden Kräftezufluß für unser Land und Volk umzuwandeln. Unser kolossaler, die Fruchtbarkeit aller nichtgermanischen Nationen soweit hinter sich lassender, alljährlicher Bevölkerungszuwachs (siehe den Anhang) sollte und müßte durch eine Ableitung in produktive Bahnen für uns eine Quelle großartigen Nationalreichthums werden, während derselbe bis jetzt nur zu unserer Verarmung beitrug. Geht die Nation selbst in der geeigneten Richtung vor, folgt sie dem unter unseren angelsächsischen Stammesbrüdern herrschenden Grundsatze: „Help yourself", so wird unsere einsichtsvolle Regierung ganz bestimmt später sich veranlaßt sehen, solche Bestrebungen mit aller Kraft zu unterstützen. Möge sich denn also endlich die bis heute noch „kinderlose" deutsche Eiche eine hoffnungsreiche kleine Familie schaffen — dann wird der deutsche Eichenkranz auf beiden Halbkugeln des Erdballs ewig grünen!

Anhang.

In den vier Jahren von 1871—75 betrug im deutschen Reiche der Jahresüberschuß der Gebornen über die Gestorbenen:

	auf je 10,000 Einwohner:			demnach Gesammtzunahme der Bevölkerung (ohne Berücksichtigung der Auswanderung):
	Geborene	Gestorbene	Ueberschuß	
1872	410	305	$1\,5/100\,\%$	431,305
1873	411	298	$1\,3/100\,\%$	473,824
1874	416	283	$1\,33/100\,\%$	564,044
1875	423	293	$1\,30/100\,\%$	552,019
1876	428	282	$1\,46/100\,\%$	624,074.

Die durchschnittliche Jahreszunahme des deutschen Volkes betrug also in diesen 5 Jahren jährlich $1\,23/100\,\%$. Nach den statistischen Daten des letzten Jahrzehnts (respectiv der zwei letzten Jahrzehnte) stellte sich diese Zahl bei verschiedenen Nationen folgendermaßen:

	Jahreszunahme	hierbei verdoppelt sich die Bevölkerung
in den Vereinigten Staaten von Nordamerika den australischen und südafrikanischen Colonien	2.80.%	in 25 Jahren.
in Großbritannien	1.39.	„ 52 „
im Deutschen Reiche	1.23.	„ 59 „
in Deutsch-Oestreich	0.84.	„ 83 „
in der Schweiz in Holland im Russischen Reiche	0.75.	„ 96 „

	Jahreszunahme	hierbei verdoppelt sich die Bevölkerung
in Italien	0. 63.	„ 118 „
in Frankreich	0. 54.	„ 131 „
in Spanien	0. 25.	„ 280 „
in der Türkei	0. 125.	„ 560 „

Die langsamere Zunahme der Volkszahl in Rußland ist der dort so großen Kindersterblichkeit, die in Holland und der Schweiz den dort üblichen spätern und daher kinderärmern Ehen zuzuschreiben, diejenige Frankreichs theilweise den absichtlichen Beschränkungen, welche dort die Ehepaare zur Vorbeugung einer unwillkommenen Familienvermehrung sich selbst auferlegen — die von Spanien kommt hauptsächlich von der großen alljährlichen Sterbeziffer, die der Türkei endlich von der geringen Fruchtbarkeit der Ehen.

P. S. Nach einer am 12. Juni vom Unterstaatssecretär Mr. Bourke im englischen Parlament abgegebenen Erklärung ist die Abtretung eines Hafens in der Delagoa-Bay an England nunmehr eine Thatsache geworden. Die Bewilligung dieser Abtretung bildet den Hauptpunkt eines neuen zwischen England und Portugal abgeschlossenen Handelsvertrags. Die Wichtigkeit dieses neuen Ereignisses für die Boers des Transvaallandes ist in die Augen springend und die Hoffnungen auf eine Wiedererlangung ihrer staatlichen Unabhängigkeit werden dadurch wohl auf ein Minimum reducirt. Zugleich ist jedoch die englische Regierung weise genug gewesen, noch im letzten Moment der zum Aufstand bereiten Boerbevölkerung gegenüber sich zu einem versöhnlichen Schritte zu entschließen, indem sie dem Volke von Transvaal einen unmittelbaren Antheil an der Landesregierung, durch Zuziehung von drei Boers zum „Ausführenden Rathe" bewilligte. Jedenfalls hat sie dadurch die Boerbevölkerung in zwei Parteien gespalten, indem ein Theil derselben aus natürlicher Liebe zu Frieden und Ruhe sich mit dieser Concession befriedigt fühlen möchte. Griqualändische Diamantengräber aus der Zeitperiode von 1871—75 wissen freilich aus trauriger Erfahrung sehr genau, was sie von einer solchen Scheinconcession von „drei Wahlmitgliedern" im Executive Council zu halten haben, und daß dieselbe absolut nichts weiter ist als „Poudre aux yeux". Die ehrlichen Boers werden hierüber sehr bald ins Klare kommen.

Kurze Auszüge aus Urtheilen der Presse über E. v. Webers
4 Jahre in Afrika.

Kölnische Zeitung Nr. 163 v. 13/6. 1878.

Weber's Berichte gehören zu dem Eingehendsten und Anziehendsten, was von deutscher Feder über Südafrika geschrieben wurde. Es liegt darin ein dramatischer Reiz und eine Frische, die den Leser fortwährend in Athem hält.

Hamburger Nachrichten Nr. 150 v. 26 6. 1878.

(Von Gerhard Rohlfs.) Die Lectüre v. Weber's Buch ist nicht genug Denen zu empfehlen, welche meinen, daß die Größe und Machtstellung eines Volkes zum größten Theil durch Colonialbesitz gehoben und gefördert werden können. Auch Die, welche am meisten gegen Colonisation eingenommen sind, werden durch die Ausführungen des Hr. v. Weber überzeugt werden, daß eine rationelle Colonisation für's Mutterland nur vortheilhaft sein kann.

Natur Nr. 26 v. 25/6. 1878.

Das Ganze von Weber's Buch bildet eine Fülle von Leben, das sicher jeder einmal gern an sich vorüberziehen läßt, dem der afrikanische Welttheil der einer großen Zukunft ist. Da der Verfasser im Reisen überhaupt kein Neuling mehr war und seinen Blick schon auf vielen anderen Reisen, auch in Amerika, für ein reiferes Urtheil geschärft hatte, so wird man ihm sicher mit um so größerem Behagen folgen, als er sich überall einen deutschen Sinn bewahrte und diesen häufig zur Folie patriotischer Betrachtungen macht, womit wir sein Werk unserm Leserkreise empfohlen haben wollen.

Nationalzeitung Nr. 304 v. 30/6. 1878.

Weber ist ein wissenschaftlicher Reisender, der es versteht zu belehren ohne langweilig zu werden, der gut schildert und gut unterrichtet ist.

Augsburger Allgem. Zeitung, Beilage, Nr. 190, Juli 1878.

Es ist nicht eine trockene Beschreibung von Land und Leuten, von deren Sitten und Gewohnheiten und Aehnliches was W. seinen Lesern bietet, sondern das wirkliche Leben, und das ist es was solche Bücher zu einer so anziehenden Lectüre macht. — Da bei der steten Zunahme der deutschen Bevölkerung Auswanderung nicht zu umgehen ist, weil die Subsistenzmittel und der Nahrungsspielraum nicht in gleichem Maße wachsen, so plädirt der Hr. Verfasser in wärmster Weise dafür, daß die Reichsregierung die Organisation der Auswanderung in die Hand nehme, um die Auswanderer mit dem deutschen Vaterland in Verbindung zu erhalten.

Grenzboten III. 1878, No. 27.

Ein sehr interessantes Buch, mit dem wir unsere Leser noch mehrfach zu beschäftigen gedenken. Kunstlosigkeit, absolute Wahrhaftigkeit, rückhaltlose Offenheit zeichnet diese Berichte aus, die daneben doch sehr lesbar und fesselnd geschrieben sind. Was aber vor Allem diesen beiden Bänden ihren besondern Werth verleiht, ist die Thatsache, daß hier wohl der erste Reisebericht von solchem Umfange und von einem so kenntnißreichen Manne vorliegt, aus deutscher Feder über Länder, Zustände und Völker, die bisher literarisch, wie leider mehr und mehr auch politisch, die Domaine der Engländer geworden sind.

Allg. literar. Wochenberichte Nr. 1 1878.

Das Werk enthält einen Schatz interessanter Erfahrungen.

Deutscher Reichsanzeiger Nr. 121 v. 24/5. 1878.

Der Verfasser hat in Südafrika mit Fleiß statistisches, volkswirthschaftliches und historisches Material gesammelt, — — was um so willkommener ist als es bisher an Schilderungen aus jenen Ländern vom deutschen Standpunkt aus noch fehlte.

Norddeutsche Allgem. Zeitung Nr. 130 v. 4/6. 1878.

Wir vertiefen uns an der Hand der lebenskräftigen Schilderungen des Verfassers so sehr in das abenteuerliche Treiben der fernen Zonen, daß uns, wie dem Erzähler, die Zeit im Fluge dahinrauscht. Der Verfasser verfügt über ein so außerordentlich reichhaltiges und originelles Material, daß der Leser alsbald gewahr wird, wie er es hier mit einem hochgebildeten und fein beobachtenden Menschenkenner zu thun hat. In dem ganzen Buche herrscht eine fast dramatische Anschaulichkeit.

Neues Wiener Tageblatt Nr. 152 v. 4/6. 1878.

(E. v. W.'s 4 Jahre in Afrika bilden wohl eines der amüsantesten Bücher der neuesten Reiseliteratur.

Land und Meer Nr. 41 1878.

Wir vermögen nur zu sagen, daß die Behandlung des Stoffes, was Reichhaltigkeit der Mittheilungen, Charakteristik des Fremdartigen, Leichtigkeit und Gefälligkeit der Darstellung betrifft, der vielgelesenen Reise Hildebrandt's „um die Erde" ähnelt. Weber's Werk unterhält nicht weniger als jenes Buch, es belehrt aber eingehender, und beruht auf einer sichereren Grundlage, als die liebenswürdigen, doch meistens im Flug aufgehaschten Reiseskizzen des leider zu früh verstorbenen Malers.

Weimarische Zeitung Nr. 172 v. 26/7. 1878.

Der gegenwärtige Zustand und die zukünftigen Aussichten der Kaffernrasse, die seit dem neuausgebrochenen Kaffernkriege die Aufmerksamkeit des europäischen Publicums wieder so lebhaft auf sich zu ziehen begonnen hat, bildet eines der Hauptthemata des 2. Bandes. Großes Interesse dürften die in Cap. 25, 26 und 31 ausgesprochenen und eingehend motivirten patriotischen Ideen W.'s erregen. (Organijation und Centralisation der deutschen Auswanderung behufs der Eindämmung der gefahrvollen, Deutschlands Zukunft so ernstlich bedrohenden, socialistischen Bewegung.)

Saturday Review Nr. 1186 v. 20 7. 1878 (London.

W. ist ein vorzüglicher Reiseschriftsteller, gefühlvoll, heiter und beobachtend, voll Herzensgüte und warmen Patriotismus. Ueberall finden wir ihn als einen intelligenten und glaubwürdigen Begleiter.

Weser Zeitung 11297—98 v. 27. u. 28 6. 1878.

W.'s Berichte sind frisch, voll Unparteilichkeit und Treue. Wohlthuend berührt uns als Deutsche auch der Patriotismus, von dem er durchglüht ist. Die Stimme eines Mannes, der auf vieljährigen Reisen eine Fülle von Einsicht und Erfahrungen gewonnen hat und sich als ein guter deutscher Patriot bekundet, ist höchst beachtenswerth.

Hamburgischer Correspondent Nr. 190 v. 11/8. 1878.

Was Weber's lebendigen und fesselnden Schilderungen noch eine besondere Anziehungskraft verleiht, das sind die Reflexionen und Resümé's die er an seine Betrachtungen von Land- und Leuten anreiht. Durch das ganze Buch zieht sich ein warmes patriotisches Gefühl.

Dresdner Journal Nr. 218—20 v. 18—20/9. 1878.

W. übte sich schon früher auf amerikanischem Boden in der Touristengeschicklichkeit von größerem Styl und ist in Afrika in der Schule gefahrvoller Kreuz- und Querzüge, peinlicher Hindernisse und oft herabstimmender Erfahrungen zum Bravourreisenden geworden, der sich mit geschickter Ausdauer durch die Welt zu schlagen versteht, ohne guten Muth und Hoffnung zu verlieren. Ein willkommener Zug des W.'schen Buches ist es, auch die Lichtseiten und Naivetäten im afrikanischen Volksleben unbefangen hervorzuheben.

Globus Nr. 11 1878.

Was vor Allem eindringlicher Beherzigung werth ist, sind die Cap. 25, 26 und 31 über die Wünschenswürdigkeit baldigster Erwerbung von Colonialbesitz für Deutschland). Wir empfehlen das anziehende W.'sche Buch, aus dem eine scharfe Beobachtungsgabe, ein weiter politischer Blick und viel Welterfahrung sprechen, unsern Lesern auf das Angelegentlichste.

Kaiserl. Wiener Zeitung v. 19 9. 1878.

Dieses Werk verdient unser Interesse in besonders hohem Grade. Alle Schilderungen sind in einfacher aber recht ansprechender Weise gegeben.

Oesterreich. Monatsschrift für den Orient Nr. 7 v. 15 7. 1878.

Mit Befriedigung begrüßen wir das Erscheinen des Weber'schen Werkes. Neben den vielen interessanten statistischen und nationalöconomischen Details finden sich ebenso werthvolle Daten in naturwissenschaftlicher und ethnographischer Richtung; das Ganze ist in angenehmer, stellenweise pikanter Form geschrieben.

Literarisches Centralblat Nr. 42 v. 19 10. 1878.

Unter diesen Umständen müssen wir es als ein besonderes Glück schätzen, daß durch das vorliegende Werk uns die sichersten Aufschlüsse über die gesammten Verhältnisse Südafrikas gegeben werden, deren Werth um so höher anzuschlagen ist, als die Berichte des Verfassers den Stempel der Glaubwürdigkeit tragen.

Ausland Nr. 42 v. 21/10. 1878.

Weber's Buch gehört zu den unterhaltendsten und zugleich in mancher Hinsicht belehrendsten die wir besitzen.

Leipziger Zeitung Nr 86. v. 27/10. 1878.

Die Weber'schen Berichte halten gerade die richtige Mitte zwischen einseitig gelehrten und einseitig unterhaltenden Reisebeschreibungen. Auch die Männer der Wissenschaft werden in ihnen eine reiche Fundgrube finden. Dabei geht durch das Buch ein äußerst wohlthuend berührender frischer nationaler Zug; Weber fühlt sich als Angehöriger einer großen Nation, der er auch in jenen fernen Welttheilen einen Antheil an der inhaltschweren großen Culturmission verschaffen möchte, welche daselbst bisher die Engländer monopolistisch für sich in Anspruch nahmen. Mit Recht beklagt Hr. v. W. die Gleichgültigkeit des großen deutschen Publicums in Bezug auf die Auswanderungsfrage. W. hat in seinem trefflichen Buche die Zwecke wissenschaftlicher Forschung und gediegener Unterhaltung sehr glücklich in Einklang zu bringen gewußt.

Verhandlungen der Gesellschaft für Erdkunde in Berlin Nr. 7 und 8 1878.

Der passionirten Liebhaberei des Diamantengrabens, welcher der Verfasser sich jahrelang hingab, verdanken wir die eingehendsten Berichte über das Leben auf den Diamantenfeldern, die den Leser durchweg fesseln dürften. —

Wir bedauern mit dem Verfasser die Folgen der Rücksichtspolitik zu einer Zeit, wo die Erwerbung der Delagoa Bai der deutschen Auswanderung unstreitig ein höchst nutzbringendes Terrain eröffnet haben würde; wir bedauern dies um so mehr in diesem Augenblicke, wo der Erwerb eines eigenen, uneingeschränkten Besitzes in einem relativ gesunden Klima und in einem culturfähigen Gebiete jedenfalls zur Lösung der schwerwiegenden socialen Frage wesentlich beigetragen haben würde.

Gegenwart Nr. 12 v. 22/3. 1879.

Unter den neueren Erscheinungen möchten wir ganz besonders auf das vorzügliche, ungemein lehrreiche Buch Ernst von Webers „4 Jahre in Afrika" aufmerksam machen, welches in die südafrikanischen Verhältnisse den tiefsten Einblick gestattet und von einem Manne herrührt, dessen Begeisterung für humanitäre Ziele auch von keinem Briten, geschweige denn von einer britischen Regierung übertroffen werden kann.

Druck von Carl Marquart in Leipzig.